Inhalt

Aktiv im Team

Liebevol umsorgt

Erfahren Sie, wie das Meerschweinchenheim aussehen sollte, Sie Freundschaft schließen und die Fütterung ein Spaß wird.

Lesen Sie, wie Sie sich am besten um Ihre Nager kümmern, was bei Krankheiten zu tun und bei Nachwuchs zu beachten ist.

Gesellige Persönlichkeiten

Meerschweinchen wurden lange Zeit unterschätzt und galten oft als langweilig. Wenn Sie die kleinen Tiere bei sich aufnehmen, werden sie Sie aber schnell vom Gegenteil überzeugen: Die Nager besitzen ein ausgefeiltes Sozialleben und regeln dadurch das Miteinander auch in großen Gruppen. Darüber hinaus besitzen Meerschweinchen viele Talente, die sie so beliebt machen. Sie fassen bald Vertrauen zu ihren Menschen und bieten täglich etwas Neues zum Beobachten. Bei artgerechter Unterbringung und Pflege werden Sie zu echten Traumtieren.

Kontakt mit Artgenossen ist für Meerschweinchen ganz wichtig. Dann zeigen die munteren Nager alle ihre interessanten Verhaltensweisen.

Gestatten Meer-schweinchen

Herkunft

Die Beziehung von Meerschweinchen und Menschen hat eine sehr wechselvolle Geschichte hinter sich. Zählen die kleinen Nager heute den unseren beliebtesten Heimtieren, spielen sie in ihren Ursprungsländern eine ganz andere Rolle, wo sie schon seit Jahrtausenden in großer Zahl gezüchtet werden.

Tierischer Steckbrief

Alle Vertreter der Unterfamilie der Meerschweinchen (Caviinae, Murray, 1866) sind ausschließlich in Südamerika beheimatet. Zu dieser Tiergruppe gehört auch das in Südamerika weit verbreitete Wildmeerschweinchen *Cavia aperea*, das auch als Aperea bezeichnet wird. Auf Grund seiner weiten Verbreitung sind von ihm neun Unterarten oder geographische Rassen bekannt. Eine davon ist *Cavia aperea tschudii*, das in Peru zu beiden Seiten der Anden lebt. Seine Farbe ist oberseits dunkelzimtgrau, rötlich

Meerschweinchen werden in ihren Herkunftsländern zur Fleischgewinnung gezüchtet und können bis zu 4 kg wiegen. Hier ein solches Cuy (links) im Vergleich mit einem unserer Hausmeerschweinchen.

gelb bis grau. Die langen, immer verhältnismäßig dunklen Haare lassen dabei eine Farbschattierung entstehen, wie wir sie auch von der Oberseite von Wildkaninchen und Feldhasen kennen (Seite 12). Diese Haare können bei *Cavia aperea tschudii* so dunkel sein, dass die Oberseite fast schwarz erscheint. Die Bauchseite dieser Wildmeerschweinchen ist rötlich gelb bis weißlich gefärbt. Im Bereich der Kehlregion befindet sich ein hellerer Fleck. Von dieser Unterart stammen unsere heute so beliebten Hausmeerschweinchen ab.

Die Wildfarbe der Meerschweinchen wird als Aguti bezeichnet, dabei besteht jedes Haar der Körperoberseite aus drei Farbbändern.

SMART

Wohngemeinschaft

- **Die Menschen** in den Anden halten oft heute noch wie in der Inkazeit die Meerschweinchen in ihren Hütten.
- **Die Hütten** sind meist so unterteilt, dass vorn gekocht wird und sich dort die Familie aufhält.
- **In der hinteren Hälfte** schlafen in der oberen Etage die Menschen, unten leben die Meerschweinchengruppen.

Herkunft

Die Haustierwerdung der Meerschweinchen begann wahrscheinlich schon vor der Zeit der Inkas, bei denen sie Opfertiere, später Fleischlieferanten waren. Der arme Inka opferte Meerschweinchen, der reiche Lamas.

▸ **Schon damals,** wir wissen das von Untersuchungen an Meerschweinchenmumien, gab es Meerschweinchen in allen Farben. Nur die Farbe Schwarz war bei keinem der gefundenen Tiere festzustellen, vermutlich wurde diese Farbe in Zusammenhang mit bösen Geistern gebracht.

▸ **Noch heute** gelten in Südamerika verbreitet die mit dem Meerschweinchen zusammenhängenden Bräuche und der Glaube aus der Inkazeit. So sollen Meerschweinchen z.B. Krankheiten anziehen.

▸ **Hausmeerschweinchen** sind noch immer bei den Indianern der Hochanden Fleischlieferanten (Seite 11).

▸ **Nach der Entdeckung** Amerikas 1492 kamen erste Hausmeerschweinchen nach Europa. Vielleicht später auch auf Sklavenschiffen über Guinea an der Westafrikanischen Küste. Sie waren anfangs selten und teuer; in England kostete ein Tier eine Guinee. Ob der Name dieses Tieres, das in Stimme und Körperbau einem Schwein ähnelt, von Guinee oder Guinea stammt, ist allerdings nicht bekannt.

▸ **Lateinisch** heißt das Meerschweinchen *Cavia aperea forma porcellus*. Französisch: Cochon d'Inde oder Cobaye, spanisch: Cobayo und englisch: auch Cavy oder Cui. Die zweite Bezeichnung stammt von den Quechuaindianern.

Faszinierende Fähigkeiten

Meerschweinchen sind gesellige Tiere, die von Natur aus immer in Gruppen leben. Wie neueste Forschungen zeigen, besitzen sie ein komplexes Sozialverhalten. Dabei spielen Ihre Sinne eine wichtige Rolle.

Hörvermögen

Die Schnecke des Innenohres hat beim Meerschweinchen vier Windungen, bei Mäusen und Ratten, aber auch beim Menschen nur zwei und eine halbe. So haben beim Meerschweinchen vergleichsweise weit mehr Hörzellen Platz, wodurch sich das besonders gute Hörvermögen ergibt. Junge Menschen können nur Töne bis zu 20000 Hertz wahrnehmen, Meerschweinchen aber bis zu 33000 Hertz.

Das große Gesichtsfeld der Meerschweinchen geht zu Lasten der Einschätzung von Entfernungen.

Geruchssinn

Er ist vor allem auf die Kontakte untereinander und auf das Geschlechtsverhalten abgestimmt. So werden mit Harn, z.B. von paarungsbereiten Männchen Duftmarkierungen gesetzt, die eine wichtige Rolle spielen. Nicht brünstige Weibchen demonstrieren neben einem abweisenden Verhalten auch durch spezielle Gerüche eine nicht vorhandene Parungsbereitschaft.

- **Meerschweinchen** in einer sozialen Gemeinschaft erkennen einander am Geruch. Das gilt auch für die Wiedereinordnung verloren gegangener Jungtiere. Diese gruppenspezifische Erkennung geht bei erwachsenen Tieren nach mehrtägiger Trennung verloren.
- **Das Markieren** des Territoriums durch Sekrete und Harn erklärt, warum sich Meerschweinchen in ihrer gewohnten Umgebung wohl und in fremder oft außerordentlich beunruhigt und unsicher fühlen. Das kommt in ihrem dann scheuen Verhalten zum Ausdruck.
- **Im Vergleich** zum Menschen besitzen Meerschweinchen ein viel ausgeprägteres Geruchsempfinden. Es ist ungefähr 1000-mal stärker entwickelt als das des Menschen. So nehmen sie vielfältige Gerüche und damit Informationen wahr, die von uns überhaupt nicht bemerkt werden können.
- **Bei der Nahrungsaufnahme,** z.B. der Unterscheidung von bekömmlichem und unbekömmlichem Futter, spielt das geruchliche Empfinden ebenfalls eine Rolle, genau wie für das Erkennen ihrer Menschen.

Sehvermögen

Meerschweinchen können auf Grund der Anordnung ihrer Augen sowohl nach

Meerschweinchen haben sehr gut ausgeprägte und sensible Sinne, die in vielen Bereichen denen des Menschen weit überlegen sind.

vorn als auch nach der Seite sehen, ohne dass dabei eine Bewegung des Kopfes erforderlich wird, das ermöglicht ihnen eine fast komplette Rundumsicht. Sie besitzen also ein verhältnismäßig weites Gesichtsfeld, das besonders für ihren Schutz vor natürlichen Feinden in der freien Wildbahn sehr wichtig ist. Meerschweinchen können zumindest die Grundfarben Rot, Gelb, Grün und Blau unterscheiden. Das ist unter anderem bei der Nahrungsaufnahme sehr wichtig.

Tastsinn

Die Tasthaare in der seitlichen Umgebung von Mund und Nase ermöglichen den Tieren auch im Dunkeln festzustellen, ob sie durch Öffnungen hindurchpassen bzw. es Hindernisse gibt. Bei Rexmeerschweinchen sind diese Haare verkürzt und teilweise gewellt, bei Merinos, Texel und Alpakas oft auch nicht starr und gerade, sondern gewellt, dadurch kann ihr Orientierungssinn im Dunkeln sehr leiden.

Geschmackssinn

Wenn der Geruchssinn den Meerschweinchen keine eindeutige Unterscheidung des Futters erlaubt, ziehen sie ihren Geschmackssinn zu Rate. Dabei spielen neben instinktbedingten Reaktionen auch Erfahrungen eine Rolle, zum Beispiel bei der Unterscheidung zwischen gutem und schlechtem Futter. Es heißt, dass Meerschweinchen süße Nahrung saurer vorziehen. Bitterstoffe stören sie jedoch meist nicht, beispielsweise beim Verzehr von Löwenzahn. Auch bei Meerschweinchen gibt es individuelle Geschmäcker, die sich darin zeigen, dass einzelne Tiere oft ganz unterschiedliche Futtermittel als Leckerbissen bevorzugen.

SMART

Sinneswelt

- **Nehmen Sie Rücksicht** auf die feinen Sinne Ihrer Meerschweinchen.
- **Strenge Gerüche**, z.B. von Zigarettenrauch oder scharfen Reinigern reizen ihre Nasen.
- **Schnelle Bewegungen** von oben herab lösen Fluchtreaktionen aus.

Rassen groß und klein

Es gibt kein Heimtier neben dem Kaninchen, das sich in einer solchen Vielfalt der Farben und Haararten präsentiert wie das Meerschweinchen. Während der „normale" Meerschweinchenhalter einfach Freude an hübschen und gesunden Tieren hat, orientieren sich viele Züchter an festgelegten Standards.

Hausmeerschweinchen sehen durch die Domestikation anders aus als ihre wild lebenden Vorfahren.

Meerschweinchen *haben oft ein kunterbuntes Fell, das bei Kindern besonders beliebt ist – Hauptsache, sie fühlen sich wohl in ihrem Pelz.*

Ein Vergleich

Hausmeerschweinchen sind im Verhältnis zu ihrer Stammform etwas größer, massiger, kompakter, man kann auch sagen plumper gebaut. Aber im Gegensatz zu den meisten anderen Haustieren gibt es beim Hausmeerschweinchen zumindest bislang keine Zwerge, keine verkürzten Extremitäten usw. Nur bei den Ohren kommen teilweise Abweichungen zur wilden Stammform, die Hängeohren vor.

- Rassemeerschweinchen, die nach festgelegten Standards gezüchtet werden, besitzen im Gegensatz dazu einen verkürzten Gesichtsschädel mit Ramsnase, ihr Körper ist im Vergleich zu dem der „Wald- und Wiesen-Meerschweinchen" gedrungener. Der vom Standard geforderte runde, kurze Kopf kann erhebliche gesundheitliche Probleme bereiten.

Viele Farben

Neben den auf den folgenden Seiten vorgestellen Tieren gibt es zum Beispiel Meerschweinchen der aus so genannten Rotreihe, das heißt rotbraune, mittelbraune, gelbe und hellgelbe. Na-

„Wald- und Wiesenmeerschen", die es in der Regel im Zoofachhandel zu kaufen gibt, sind meist gesünder als ihre reinrassigen Kollegen.

türlich kennen wir auch schwarze Tiere, genau wie die bislang seltene blaue (blaugraue) Färbung. Es gibt auch schokoladenfarbene Meerschweinchen. So genannte Akromelanisten sind spitzengeschwärzte Tiere. Sie werden weiß geboren. Später dunkeln die Körperspitzen nach, das heißt, die Umgebung von Mund, Nase, Ohren und Pfötchen werden schwarz bzw. schwarzbraun oder heller, wie rötlich oder blaugrau. Dabei kommt es auch vor, dass nur Teile der Pfötchen oder der Nasenpartie oder der Ohren dunkel werden. Das Auge ist bei dieser Färbungsform immer unpigmentiert, es erscheint rot. Die verschiedenen Fellfarben kommen bei jeder Haarart vor, z.B. den Normalhaar- oder Glatthaarmeerschweinchen, deren Fell dem der wilden Stammform entspricht, den Rosetten und langhaarigen Tieren.

SMART

Unterschiede

- **Die Entwicklung** verlief 500 Jahre fast völlig getrennt voneinander.
- **Riesenmeerschweinchen** haben oft statt der normalen vier Zehen vorn und drei hinten fünf, sechs oder sieben Zehen, sowohl vorn als auch hinten.

Riesige Cuys

Dies ist der Überbegriff für eine Gruppe riesenwüchsiger Meerschweinchenrassen, die in Peru, Kolumbien, Ecuador und Bolivien zur Fleischgewinnung gezüchtet werden. In Peru werden zu diesem Zwecke 67 Millionen Meerschweinchen gehalten, die pro Jahr ungefähr 17000 Tonnen Fleisch liefern. Ein Cobayo (die größte Rasse Perus) kann bei einer Körperlänge von 50 cm ein Gewicht von mehr als 4,5 kg erreichen. Cuys werden vereinzelt auch in Deutschland gehalten. Sie sind recht scheu und werden kaum handzahm.

Agutifarben

▸ Raffiniert: Man spricht beim Meerschweinchen auch von agutifarben. Dieser Begriff ist von einem anderen südamerikanischen Nagetier, dem Aguti, entlehnt. Aguti sieht der Wildfarbe am ähnlichsten. Jedes Haar besteht aus zwei oder drei unterschiedlichen Farbbändern. Dadurch entsteht das „Ticking".

▸ Varianten: Ist dieser Farbton mit einer Art Goldglanz verbunden, spricht man von goldagutifarbenen Meerschweinchen. Verschwindet hingegen – durch eine Mutation bedingt – der Braunton der Wildfarbe, dann spricht man von silberaguti, einer Färbung, die der des Chinchillas entspricht.

Weiß

▸ Farblos: Die albinotischen Meerschweinchen sind reinweiß, das heißt Haut, Haare und auch die Iris der Augen sind unpigmentiert, also farblos. Dabei ist die Iris bei diesen Meerschweinchen so extrem dünn, dass das Auge rot erscheint, weil das Blut am Augenhintergrund sichtbar wird.

▸ Satin: So wird eine Rasse bezeichnet, deren Haarkleid über einen bestechenden Seidenglanz verfügt und deutlich feiner ist. Erreicht wird dieser Effekt durch einen hohlen Haarschaft, der das Licht anders reflektiert als bei normalem Fell. Satin kann bei Tieren aller Farben und Behaarungsformen auftreten.

Gescheckt

▸ Bunt gemischt: Genau wie bei anderen Haustieren kommt es auch beim Meerschweinchen zu teilweisem Pigmentverlust, das heißt zu gescheckten Tieren. Diese Tiere können zweifarbig sein, dann sind sie in der Regel weiß und rot, gelb, wildfarben, schwarz oder anders gescheckt.

▸ Variationen: Sehr beliebt sind die Tiere, bei denen eine Scheckung in den Farben schwarz und rot bzw. gelb vorliegt; man spricht hier von japaner- oder schildplattfarbig. Auch wildfarben und gelb oder rot gescheckte Meerschweinchen gibt es, genauso wie grau mit weiß.

Dreifarbig

▸ Echte Einzelstücke: Vielleicht von allen Farbspielarten sowohl bei Kindern als auch Erwachsenen am beliebtesten sind die dreifarbigen Meerschweinchen. Wie zufällig verteilt wechseln sich die Farben Rot bis Gelb, Beige oder Wildfarben mit Schwarz und Weiß. Kein Tier gleicht dem anderen.

▸ Die Clowns: All diese bunten Farbverteilungen kommen nicht nur bei den normalhaarigen, den Rosetten- und den Langhaarmeerschweinchen vor, sondern auch bei den Neuzüchtungen wie Rex-, Satin-, Merino-, Alpaka- und Texelmeerschweinchen.

Coronet

▸ Pilzkopf: Eine Züchtung besonderer Art stellen normalhaarige Meerschweinchen dar, die nur an der Stirn einen Wirbel tragen, so dass die Haare hier nach allen Richtungen zeigen. Viele der von den Indios gehaltenen Meerschweinchen haben diese Kopfrosette, sogar Riesenmeerschweinchen.

▸ Varianten: Handelt es sich um einfarbige Tiere und hat die Rosette am Kopf dieselbe Farbe wie der restliche Körper, nennt man sie Englische Schopfmeerschweinchen (English Crested). Ist die Kopfrosette weiß abgesetzt, werden sie als Amerikanische Schopfmeerschweinchen (American Crested) bezeichnet.

Rosettenmeerschweinchen

▸ Verwirbelt: Es soll mindestens acht Rosetten besitzen, auf bestimmte Körperstellen symmetrisch verteilt: Im Idealfall je eine auf jeder Hinterhand und Hüfte, vier in einer geraden Linie über die Körpermitte und je eine auf jeder Backe. Die Rosetten sollen rund sein und ein möglichst kleines Zentrum haben.

▸ Heimtier-Stars: Rosettenmeerschweinchen sind sehr beliebt. Dem normalen Halter dürfte es dabei egal sein, wie viele Haarwirbel es tatsächlich hat. Meerschweinchen mit Rosetten oder Wirbeln und längerem Haarkleid gibt es schon seit Jahrhunderten (Angorarosetten).

Texel

▸ Dauerwelle: Dabei handelt es sich um ein langhaariges Meerschweinchen mit Locken; die Kopfbehaarung ist kurz. Es entstand aus der Verpaarung der langhaarigen Shelties mit Rexmeerschweinchen (kurzhaarige Meerschweinchen mit gekräuselten Haaren). Die Locken des Texels vererben sich rezessiv.

▸ Varianten: Als Merinomeerschweinchen wird ein Texel bezeichnet, das eine Stirnrosette besitzt. Auch Alpakas sind Langhaarmeerscheinchen mit Locken, sie haben aber wie Peruaner Wirbel und einen ins Gesicht fallenden Pony. Da auch die Tasthaare gewellt sind, kann der Tastsinn eingeschränkt sein.

Schopfmeerschweinchen

▸ Gekrönt: Es ist durch Kreuzung von Sheltie und Schopfmeerschweinchen entstanden. Das Sheltie, auch Peruanisches Seidentier genannt, ist ein langhaariges Meerschweinchen ohne Rosetten. Das glatte, weiche Haar fällt als Schleppe nach hinten bzw. vom Mittelscheitel aus nach den Seiten.

▸ Langhaarige Kollegen: Langhaarige Meerschweinchen nennt man auch Angora. Besitzt ein langhaariges Tier am Körper Wirbel und einen Wirbel auf dem Kopf, so dass ein Pony über das Gesicht fällt, heißt es Peruaner. Das restliche Haar fällt wie bei einem Sheltie nach hinten und den Seiten.

Partnerwahl

Wer die geselligen Meerschweinchen einmal im Umgang mit Artgenossen erlebt hat, wird sich eingestehen müssen, dass er diesem sozielen Tier niemals den tierischen Partner ersetzen kann. Damit die Harmonie unter den Tieren auch dauerhaft währt, sollte von Anfang an Wert auf stabile Partnerschaft gelegt werden.

Wenn Meerschweinchen mindestens zu zweit gehalten werden, können sie ihr natürliches Verhalten ausleben. Auch zwei, drei oder mehr Tiere werden zutraulich, wenn Sie sich oft mit ihnen beschäftigen. In größeren Gruppen bleiben sie manchmal lieber unter sich.

Wer passt zu wem?

Die Zusammenstellung der Meerschweinchengruppe sollte mit Bedacht erfolgen.

- **Ein Pärchen** wird erfahrungsgemäß flott für Nachwuchs sorgen und aus zwei Tieren kann so schnell ein Dutzend werden. Wer später züchten möchte, sollte nur ein Männchen mit mehreren Weibchen wählen.
- **Wenn kein Nachwuchs** gewünscht ist, vertragen sich am besten ein kastriertes Männchen mit mindestens einem Weibchen oder eine reine Damen-WG. Mehrere kastrierte Männchen können sich in einer solchen Gruppe heftig bekämpfen, auch wenn sie wirklich viel Platz und jeder seinen eigenen Harem haben. Sie treten sich zähneklappernd gegenüber und können sich bei einer Auseinandersetzung verletzen.
- **Männchen,** ob nun zwei oder noch mehr, können nur zusammen gehalten werden, wenn keine Weibchen in der Nähe sind und auch dann kann es sogar nach längerer Zeit der Verträglichkeit ganz plötzlich zu Beißereien kommen. Dann müssen sie getrennt und ihnen neue Partner zugesellt werden.

Passen Meerschweinchen in Ihr Leben?

- Meerschweinchen sind keine Streicheltiere. Als Spielzeug für kleine Kinder sind sie nicht geeignet.
- Die Nager haben eine Lebenserwartung von etwa acht Jahren – solange tragen Sie die Verantwortung.
- Meerschweinchen werden nicht stubenrein und knabbern vielleicht Einrichtungsgegenstände an.
- Ist die Versorgung während der Urlaubszeit geregelt?
- Besteht bei keinem Familienmitglied eine Allergie gegen Tierhaare oder Hausstaub?
- Neben den Anschaffungkosten müssen Unterhalt und eventuell Tierarztkosten übernommen werden.

Meerschweinchen sind gesellige Tiere und fühlen sich nur in Gesellschaft von Artgenossen richtig wohl – das gibt ihnen Sicherheit.

Eine Frage des Alters

Jungtiere gewöhnen sich oft schneller an den Menschen und es lässt sich zuverlässiger abschätzen, wie alt sie sind. Bei der Abgabe sollten sie aber mindestens ein Alter von sechs Wochen haben. Natürlich können auch ausgewachsene Meerschweinchen noch völlig zahm werden, manchmal müssen Sie dafür aber etwas mehr Geduld und Zeit aufwenden. Ihr Alter lässt sich in der Regel kaum feststellen, da es bei erwachsenen Tieren grundsätzlich schwer zu bestimmen ist.

SMART

Dream-Team

- **In Tierheimen** gibt es oft hübsche Meerschweinchen aller Farben und jeden Aters und die Männchen sind meist schon kastriert.
- **Dort finden** Sie bestimmt Tiere, die bereits dicke Freude sind.

Normales oder Rassemeerschweinchen?

Ob Sie sich für ein ganz normales Hausmeerschweinchen oder ein Tier besonderer Rasse, vielleicht auch mit Abstammungsnachweis, entscheiden ist eine Frage Ihres persönlichen Geschmacks. Rassetiere unterscheiden sich von den anderen durch einen plumperen Körperbau. In Sachen Aussehen stehen ihnen normale in nichts nach, auch sie gibt es in vielen Farben und Behaarungsformen, allerdings haben sie meist eine geringere Veranlagung für typische, rassebedingte Probleme.

Unerwartete Trächtigkeit

Manchmal kauft man unwissentlich ein trächtiges Weibchen, obwohl die Tiere in der Zoofachhandlung nach Geschlechtern getrennt waren. Dann waren Schwestern und Brüder vor der Trennung zu lange zusammen und es kam zu einer Empfängnis.

Clever aussuchen

Meerschweinchen können eine Lebenserwartung von acht oder mehr Jahren haben. Je sorgsamer Sie Ihre neuen Hausgenossen auswählen, desto mehr Freude werden Sie mit der munteren Nagergesellschaft haben.

Lassen Sie sich Zeit bei der Auswahl und beobachten Sie die Meerschweinchen in ihrem Gehege. Lassen Sie sich nicht vom Verkäufer beeinflussen. Vom Kauf eines Tieres aus einem Bestand, in dem auch nur ein Artgenosse einen kranken Eindruck macht, ist abzuraten.

Fit und munter

Sind die Meerschweinchen gesund, laufen sie geschäftig in ihrem Gehege herum oder sitzen „normal" an ihrem Platz. Alarmzeichen sind Tiere, die ständig geduckt oder mit gekrümmtem (bogenförmig aufgewölbtem) Rücken herumsitzen. In der Einstreu ist bestimmt der Kot der Tiere zu entdecken. Dieser sollte länglich und wohlgeformt sein. Verschmierter Kot, Verklebungen bzw. Verschmutzungen um die Aftergegend der Meerschweinchen weisen auf Durchfall

(1) ◂ **Gut genährt** Bestehen Sie darauf, die ausgewählten Meerschweinchen anfassen zu dürfen. Nur mit der Hand lässt sich feststellen, in welchem Ernährungszustand sich die Nager befinden. Ist ein Tier sehr mager, kann man die einzelnen Wirbel und Rippen fühlen. Dies kann an einer mangelhaften Fütterung oder einer Erkrankung liegen. Bei einem zu fetten Meerschweinchen ist deutlich eine Fettschicht zu tasten. Hier ist später mit Herz- und Leberschäden zu rechnen. Bei Jungtieren und gerade ausgewachsenen Tieren kommt dies aber kaum vor. In beiden Fällen sollten Sie vom Kauf absehen.

hin. Ist das Haarkleid struppig und glanzlos oder man entdeckt unter dem noch gesund erscheinenden Haarkleid Schuppen, Schorf, haarlose Körperstellen, weist das auf Mangelerscheinungen, Parasiten, oder Pilzbefall (besonders bei kreisrunden Flächen, Seite 50) hin. Jedoch sind die Fußunterseiten und eine kleine Fläche an den Innenseiten der Vordergliedmaßen sowie die kleine Stelle direkt hinter den Ohren immer unbehaart.

Unterbringung

Kaufen Sie Ihre Meerschweinchen nur dort, wo die Haltungsbedinungen der Tiere Sie kompromisslos überzeugen. Die Nager sollten möglichst viel Platz in ihrem Gehege und mehrere Versteckmöglichkeiten zur Verfügung haben. Auf keinen Fall sollten sie sich ihr Gehege mit anderen Nagern teilen müssen. Unterbringung und Tiere müssen einen gepflegten und sauberen Eindruck machen – strenge Gerüche treten bei hygienischer Haltung nicht auf. Ganz wichtig: Die Tiere müssen nach Geschlechtern getrennt sein.

2

Gesichtskontrolle ▲ Ein gesundes Meerschweinchen hat glänzende, ein wenig feuchte Augen. Eingefallene, trockene, verklebte und tränende Augen sowie Ausfluss und Schorf weisen auf ernste Gesundheitsschäden hin. Auch die Nase sollte frei von Verklebungen sein. Öffnen Sie vorsichtig mit Daumen und Zeigefinger das Mäulchen. Als Rechtshänder verwendet man dazu Daumen und Zeigefinger der rechten Hand und stützt gleichzeitig den Nacken des aufgerichteten Tieres von hinten. Mit der linken Hand stützt man außerdem die Becken- und Oberschenkelregion ab. Berühren sich die beiden Schneide- oder Nagezähne des Oberkiefers mit denen des Unterkiefers, stehen die Zähne richtig und sind gut abgenutzt.

Aktiv im Team

Lebensraum

Meerschweinchen wollen in einem großen Gehege leben, um dort all den Dingen nachzugehen, die ein Meerschweinchenalltag so mit sich bringt. Diese Unterkunft bietet dann auch genug Platz, um sie mit interessanten und abwechslungsreichen Einrichtungsgegenständen zu gestalten.

Für zwei Tiere sollte die Grundfläche des Geheges mindestens 1,20 mal 0,60 m und die Höhe 0,50 m betragen. Leben ausschließlich Böckchen darin, müssen für jedes Tier zusätzlich noch einmal 0,50 qm eingerechnet werden (Seite 32).

Häuschen für Meerschweinchen mit mehreren Etagen werden gerne genutzt, bieten Übersicht und Unterschlupf.

Wohnvarianten

Sie haben mehrere Möglichkeiten, Ihre Meerschweinchen unterzubringen.

- Käfige werden im Zoofachhandel in großer Auswahl angeboten und müssen nur noch eingerichtet werden.
- Offene Blechregale mit der angegebenen Grundfläche werden zu einem Meerschweinchenhochhaus, wenn Sie die verschiedenen Ebenen mit „Hühnerleitern“ aus Holz miteinander verbinden. Ideal ist ein Abstand von 60 cm zwischen den Ebenen. An den Kanten wird ein Rahmen aus Plexiglas in Höhe von mindestens 30 cm angebracht.
- Viel Platz bieten Sie Ihren kleinen Untermietern, wenn Sie ihnen eine Ecke Ihrer Wohnung reservieren. Legen Sie diese mit einem Holzboden aus, der mit einem Blech unterlegt ist. Abgetrennt wird die Ecke mit Kleintierdraht, der auf einen Holzrahmen gespannt ist. Damit nicht so viel Einstreu herausfliegt, sollte zusätzlich eine Plexiglasumrandung von etwa 20 cm Höhe angebracht werden.
- Bei Selbstbauten dürfen weder Nägel, Schrauben noch Draht abstehen.

Freilaufgehege bieten den zeitweisen Aufenthalt im Garten. Brustgeschirre für die Tiere sind keine Alternative, sie bekommen leicht Panik.

Wohnvarianten

Der Standort des Geheges ist ganz wichtig für das Wohlbefinden Ihrer Tiere.

▸ Gute Luft muss sein. Zugluft, Küchendämpfe, frisch gestrichene Räume, Zigarettenrauch und andere Ausdünstungen sind schädlich für Meerschweinchen. Die Staubbelastung der Luft darf ebenfalls nicht zu groß sein.

▸ Die Zimmertemperatur muss stimmen. Die optimale Umgebungstemperatur für Meerschweinchen liegt zwischen 18 und 22 °C bei einer relativen Luftfeuchtigkeit zwischen 40 und 70 %. In der Nähe von Heizkörpern wird die Raumluft jedoch oft zu trocken, was Erkrankungen der oberen Luftwege und später auch der Lunge verursachen kann. Bedenken Sie, dass die Zimmertemperatur von der des Bodens abweichen kann. Deswegen wird in der Fachliterartur eine optimale Bodentemperatur von 24 bis 26 °C angegeben. Dies muss besonders bei neugeborenen Tieren beachtet werden. Gemessen wird die Umgebungstemperatur in der Höhe des Käfigbodens, nicht am Fußboden. Stellen Sie den Käfig möglichst auf einen Tisch oder eine Kommode.

▸ Direkte Sonne darf nicht auf das Gehege scheinen.

▸ In der Nähe eines Fernsehers, von Lautsprechern usw. ist es zu laut für die Meerschweinchen.

▸ Andere Tiere dürfen sie nicht belästigen können.

SMART

Bedienungsfreundlich

- **Eine hohe Bodenwanne** des Käfigs verhindert das Herausfallen der Einstreu und erspart häufiges Staubsaugen.
- **Große Türen** erleichtern Ihnen die Reinigung des Geheges und das Herausnehmen der Tiere.
- **Verzierungen** am Käfig sehen zwar hübsch aus, erschweren aber das regelmäßige Säubern.

Zubehör

Eine abwechslungsreiche Einrichtung der Meerschweinchenunterkunft regt ihre kleinen Untermieter an, die in ihnen schlummernden Talente zu entfalten.

Einstreu

Empfehlenswert als Grundlage ist es, die Bodenwanne mehrere Zentimeter hoch mit Zeitungen ohne Farbdruck auszulegen, das saugt die Feuchtigkeit gut auf. Darauf oder direkt auf den Käfigboden kommt eine mehrere Zentimeter hohe Schicht staubfreier Hobelspäne, die sie als Kleintierstreu im Zoofachhandel kaufen können. Trockener Torfmull eignet sich hingegen nicht. Er staubt sehr und kann dadurch zu Erkrankungen der Atemwege führen. Auf die Kleintierstreu gehört noch eine kuschelige Lage guten Strohs. Dieses weiche Polster ist sehr wichtig und bietet viele Vorteile. Es verhindert, dass die Einstreu leicht aus dem Käfig fliegt. Und das Fell langhaariger Meerschweinchen verfilzt nicht so schnell. Zudem leitet das Stroh schnell Kot, vor allem aber Urin auf den Boden ab, so dass die Oberfläche trocken und sauber bleibt – und damit auch die Tiere.

Futternapf und Trinkflasche

Leicht zu säubern und standfest sind Futternäpfe aus glasiertem Ton, Steingut sowie Porzellan- und Glasschalen. Die Trinkflaschen sollten aus Glas oder Kunststoff bestehen und ein auslaufsicheres Kugelventil besitzen, sie werden als „Nippeltränken für Nager“ bezeichnet. Wählen Sie am besten ein Modell mit einem Trinkrohr aus Metall. Solch eine Nippeltränke ist praktischer und hygienischer als eine Wasserschale. Sind Sie aber kein Freund von Trinkflaschen, sollten Sie den Wassernapf auf ein flaches Häuschen oder eine Steinplatte stellen, damit der Inhalt nicht mit Einstreu verschmutzt wird.

Einen Spielplatz bauen

Meerschweinchen beschäftigen sich zwar viel untereinander, nehmen eine interessante Gehegeeinrichtung aber als willkommene Einladung zum Zeitvertreib.

Höhlen, Brücken und Wippen aus Ton, Holz, Kork, Wurzeln oder Kartons bringen Abwechslung.

Sie können auch selbst anregende Einrichtungsgegenstände bauen wie Treppen, Aufgänge oder Röhren.

Bei einem Besuch im Zoofachgeschäft finden Sie viele tolle Einrichtungsgegenstände – auch ein Rundgang im Baumarkt kann Sie auf allerlei Ideen bringen.

Achten Sie bei der Auswahl darauf, dass sich alle Gegenstände leicht und oft reinigen lassen.

Hausbesuch *bei Familie Meerschweinchen. Bieten Sie den Tieren immer mehrere Versteckmöglichkeiten an – das beugt Streitigkeiten vor.*

Futterraufe

Sie ist wichtig, damit Ihre Meerschweinchen gesund bleiben, denn darin steht das überaus wichtige Heu immer sauber zur Verfügung. Außerdem kann darin frisches Grünfutter angeboten werden. Die Raufen sollten durch einen schrägen, massiven Deckel abgeschlossen sein. Ist dieser nicht genug abgeschrägt, setzen sich die Meerschweinchen darauf, verschmutzen ihn und dabei auch eventuell das darunter befindliche Futter. Fehlt ein Deckel, können die Tiere sich beim Ein- und Aussteigen an der Raufe verletzen und den Inhalt verschmutzen. Praktisch sind massive Metall- oder Kunststoffraufen, die von außen am Gitter befestigt werden. Sie sind von außen befüllbar und die Tiere können nicht hineinklettern.

Verstecke

Meerschweinchen brauchen Verstecke, in die sie sich zurückziehen können. Ideal sind Unterschlupfe mit mindestens zwei Ausgängen, die auch im Zoofachhandel angeboten werden. Diese sollten so groß sein, dass alle Tiere einer Gruppe oder, wenn Sie eine große Gruppe halten, eines Familienverbandes hineinpassen. Sonst kann es passieren, dass es Streit gibt. Da Meerschweinchen ihre Umgebung gern überblicken, bevorzugen Sie „Flachdachbungalows". Türen und Fenster müssen so groß sein, dass selbst das größte Tier nicht darin stecken bleiben kann. Praktischer und leichter sauber zu halten sind die Häuschen, wenn sie keinen Boden besitzen. Auch unter zusätzlichen Holzetagen mit Aufgang verstecken sich die Meerschweinchen gern, diese vergrößern dazu noch die Grundfläche des Käfigs.

Die Freiluftwohnung

Immer mehr Meerschweinchenhalter wollen ihren Tieren eine möglichst naturnahe Unterbringung bieten. Die Haltung im Freien bietet sich dabei förmlich an. Dort lassen sich auch größere Gruppen artgerecht halten.

Gut vorbereitet

In der warmen Jahreszeit ist die Unterbringung im Freien kein Problem. Allerdings ist es notwendig, Tiere, die im Winter draußen ohne Heizung gehalten werden sollen, bereits im späten Frühjahr oder Frühsommer in diese Stallungen zu bringen, damit sie sich frühzeitig an den Temperaturabfall im Herbst gewöhnen können. Dann können die Meerschweinchen sogar Temperaturen von minus 10 °C und kurzzeitig auch darunter verkraften und ganzjährig in entsprechenden Ställen im Freien gehalten werden. Denn wenn man die Tiere nach der Haltung in beheizten Räumen im Frühjahr bei schönem Wetter aber zu zeitig ins Freie auf den kalten Boden bringt, kann das sogar Todesfälle zur Folge haben. Voraussetzung für den ganzjährigen Aufenthalt draußen ist immer genügend trockene Einstreu, in der die Meerschweinchen sich bei Kälte kuschelig verkriechen können.

- Bei der Haltung in Freianlagen können die Tiere allerdings etwas scheuer werden, machen dies aber durch ihre zahlreichen natürlichen Verhaltensweisen wett, die sie nun nach Herzenslust ausleben können.
- Parasitenbefall kann bei dieser naturnahen Haltung natürlich auch leichter auftreten. Dem beugen Sie dadurch vor, dass Sie den mit einer Schutzhütte versehenen Auslauf regelmäßig wie in der Landwirtschaft zum neuen Abgrasen versetzen. Sollte dies nicht möglich sein, weil der Zaun des Auslaufs im Boden befestigt ist, muss die Bodenoberfläche unbedingt regelmäßig abgetragen und mit weichem Sand wieder neu beschichtet werden.

Achten Sie darauf, dass keine giftigen Pflanzen im Freigehege Ihrer Meerschweinchen wachsen – nicht alle Tiere lassen davon ab.

Mit Kartons kann der Meerschweinchenfamilie ein Spielplatz gebaut werden, auch wenn sie sich nur zeitweise draußen aufhalten.

Voraussetzungen für die Außenhaltung

„Feld-, Wald- und Wiesenmeerschweinchen" mit kurzen Haaren oder Rosetten sind die idealen Kanidaten für die Haltung in einem Freigehege. Langhaarige Tiere verschmutzen und durchnässen wesentlich leichter.

SMART

Nicht für alle geeignet

- **Der Aufenthalt** an der frischen Luft ist gesund.
- **Alte und kranke Tiere** nur im Sommer stundenweise draußen bleiben.
- **Kontrollieren** Sie täglich den Gesundheitszustand (Seite 48).

▸ **Gruppenhaltung** muss draußen unbedingt sein, damit die Meerschweinchen sich gegenseitig wärmen können, das ist besonders bei kühleren Außentemperaturen sehr wichtig.

▸ **Zur Sicherheit** sollte unbedingt neben einem stabilen Gitter auch eine Drahtabdeckung vorhanden sein, damit weder Katzen, Raubtiere wie Marder, Füchse und Wiesel noch Greifvögel den Nagern etwas anhaben können.

▸ **Ein Schutzraum** ist unerlässlich. Dieser muss gut isoliert und üppig mit Stroh ausgepolstert sein. Die Wände sollten abwechselnd aus Holz, Styropor und wieder Holz bestehen. Die gehobelten Bretter müssen mit Nut und Feder versehen sein, um Zugluft zu vermeiden. Eine für die Tiere nicht erreichbare und dadurch annagbare Verkleidung aus Dachpappe, Wellblech oder Ähnlichem ist erforderlich, um die Behausung vor Witterungseinflüssen zu schützen. Ideal ist es, wenn der Schutzraum direkt an den Auslauf angeschlossen ist. Damit die Meerschweinchen bei schlechtem Wetter nicht nach draußen könnten, sollte an der Schutzraumtür ein leicht bedienbarer Schieber sein.

▸ **Einrichten** sollten Sie den Schutzraum genau wie einen Käfig. Die Häuschen sollten auf Füße gestellt werden, damit keine Bodenfeuchtigkeit eindringen kann.

Freundschaft schließen

Beim Halten und Tragen können Sie das Meerschweinchen bequem an die Brust halten und mit beiden Händen sicher abstützen.

Für den Weg Ihrer Meerschweinchen nach Hause sollten Sie sich eine spezielle Transportbox kaufen, solche aus Kunststoff oder Holz eignen sich gut dafür. Diese Investition zahlt sich aus, denn damit können Sie die Tiere später auch wenn nötig, zum Tierarzt oder zum Urlaubspflegeplatz bringen. Polstern Sie die Box mit Kleintierstreu, Stroh und Heu aus, für längere Wege sollten Sie Gurken- und Karottenstückchen hineinlegen. Achten Sie darauf, dass die Tiere unterwegs genügend Frischluftzufuhr haben, aber weder Zugluft, Kälte, direkter Sonne oder Hitze ausgesetzt sind.

Orientierungsphase

Setzen Sie die Meerschweinchen gleich in den vorbereiteten Käfig und überlassen Sie sie zunächst für einige Zeit sich selbst. Die Neuankömmlinge werden sich wahrscheinlich erst einmal in eine Ecke verkriechen und unter Heu oder Stroh verstecken. Das ist in der neuen, ungewohnten Umgebung ganz normal. Später, wenn sich die Meerschweinchen wirklich völlig unbeobachtet fühlen, werden sie ihr neues Zuhause erkunden. Auch dann sollte man, selbst wenn es schwer fällt, noch nicht versuchen, sie wieder herauszunehmen, da sie sonst gleich wieder versuchen würden zu entweichen. Meerschweinchen sind von Haus aus scheue Tiere. Vermeiden Sie ebenfalls schnelle Bewegungen von oben, das löst den Fluchtinstikt der Meerschweinchen aus.

▸ Reden Sie leise zu den Tieren, damit sie sich an Ihre Stimme gewöhnen können. Sind die Nager schon munter im Gehege unterwegs, können Sie einen ersten „Bestechungsversuch" wagen, indem Sie ihnen etwas Gurke anbieten.

Ein Stück Gurke kann der Beginn einer langen Freundschaft sein – Liebe geht eben doch durch den Magen.

▸ Die draufgängerischen Meerschweinchen werden das Angebot annehmen, kleine „Angsthasen" ziehen sich vielleicht aber wieder in ihr Versteck zurück und brauchen eine Weile, mit dem neugierigen Näschen wieder herauszulugen. Seien Sie nicht enttäuscht und nehmen Sie es als Ansporn, sich die Zuneigung Ihrer neuen Untermieter mit Geduld zu verdienen. Früher oder später können diese zurückhaltenden Gesellen der schmackhaften Verlokkung nicht mehr widerstehen.

▸ Schon bald werden auch diese Tiere, wenn sie die ihnen vertrauten Menschen hören, sich beispielsweise an der Käfigwand aufrichten. Sie werden lernen, alle diejenigen, die ihnen regelmäßig Futter bringen, deutlich von anderen zu unterscheiden. Das zeigt sich daran, dass sie beim Herannahen der gewohnten Betreuer zu quieken beginnen. Und dies heißt: „Ich warte auf Futter!" Einige der kleinen Kerlchen zeigen dabei eine erstaunliche Ausdauer. Sie sollten sich aber zurückhalten, sie mit gehaltvollen Leckerbissen zu verwöhnen. Genauso lecker und gesund dazu sind ein Stück Gurke oder Grünes.

SMART

Meerschweinchen und Kinder

- **Meerschweinchen** sind oft die ersten Heimtiere eines Kindes.
- **Ihre Beißhemmung** macht sie zu „gefahrlosen" Hausgenossen.
- **Kinder** ab etwa fünf Jahren können gemeinsam mit ihren Eltern Meerschweinchen betreuen und pflegen.
- **Wichtig ist,** dass Kinder lernen, wie sie mit den kleinen Nagern umgehen müssen und welches Futter erlaubt ist. Rücksicht muss sein – Meerschweinchen leiden still.

Umgangsregeln im Miteinander

Wenn die ersten freundschaftlichen Bande zu Ihren Meerschweinchen geknüpft sind, müssen Sie die Beziehung zueinander festigen. Dazu sollten Sie einige Punkte beachten.

Richtig anfassen und hochheben

Meerschweinchen sind vorsichtige Tiere. Sie lassen sich, wenn sie nicht ausreichend an den ständigen intensiven menschlichen Kontakt gewöhnt sind, nur ungern fangen. Beim Ergreifen von oben versuchen sie in der Regel zu entkommen. Dies löst bei ihnen ein instinktmäßig verankertes Verhalten ihrer Vorfahren aus, die besonders durch Greifvögel gefährdet waren.

▸ **Am besten** ergreift man ein Meerschweinchen hinter den Vorderbeinen, indem man als Rechtshänder den Daumen von links und die weiteren Finger von rechts so über seinen Rücken legt, dass die hintere Nacken- und die vordere Rückenpartie vom Handteller umgeben werden. Mit der anderen Hand greift man dann unter Vorderbrust und Bauch. Kleinere Kinder drücken das Meerschweinchen am besten sanft gegen ihre Brust.

▸ **Wichtig** beim Halten ist einerseits ein fester Griff, damit die Tiere nicht unerwartet herunterspringen können, andererseits nicht zu fest zuzupacken, denn es könnte sie verletzen.

So zutraulich werden auch Ihre Meerschweinchen schon bald sein, wenn Sie ihnen mit Geduld und Verständnis begegnen und Kontakt nicht erzwingen.

Meerschweinchen einfangen

Die Tiere sind oft sehr flink. Beim Freilauf im Zimmer verschwinden sie im Handumdrehen unter Möbelstücken. Oft muss man dann lange und geduldig warten, bis sie wieder hervorkommen. Ein Einfangen mit einem Kescher ist möglich, hat jedoch zur Folge, dass das Meerschweinchen vor künftigen Fangaktionen gewarnt ist und noch mehr Vorsicht an den Tag legt. Versuchen Sie lieber, die Tiere mit einem Leckerbissen zu locken oder mit einem stabilen Stück Pappe langsam aus ihrem Versteck zu „lenken“.

▸ Im Garten oder anderswo im Freiland sollte man auch noch so zahme Meerschweinchen keinesfalls außerhalb gut abgegrenzter Gehege frei laufen lassen. Sie können es auf nicht geahnte Geschwindigkeiten bringen und sind dann sehr schnell im Gebüsch oder hohen Gras verschwunden und auch bei leuchtender Färbung oft kaum wieder zu entdecken. Schon in der ersten Nacht könnten sie leicht die Beute von Katzen, Füchsen, Greifvögeln und anderen Feinden werden.

Sicheres Halten eines Meerschweinchens – das kleine Kerlchen ist dabei völlig entspannt und schaut sich in Ruhe die Umgebung an.

Urlaubszeit

Ihre Meerschweinchen sind keine Globetrotter und während Ihres Urlaubs besser bei einer zuverlässigen Urlaubsbetreuung versorgt, darum sollten Sie sich schon zeitig kümmern.

▸ Reinigen Sie vor Ihrer Abreise den Käfig gründlich. Bereiten Sie für Ihre Vertretung schriftlich einen Fütterungs- und Pflegeplan vor, auf dem auch Adresse und Telefonnummer des Tierarztes und Ihrer Urlaubsunterkunft vermerkt sind. Besprechen Sie diesen Plan mit Ihrer Vertretung. Sorgen Sie für einen ausreichenden Vorrat an unverderblichem Futter, Einstreu und Heu.

▸ Alternativ gibt es auch die Möglichkeit der Unterbingungung in einer Tierpension oder einem Zoofachgeschäft. Nur wenn Sie sich länger an einem anderen Ort aufhalten, sollten Sie Ihre Tiere mitnehmen. Erkundigen Sie sich in diesem Fall, ob es spezielle Einreisebestimmungen gibt.

Meerschweinchen verstehen

Meerschweinchen besitzen, wie viele andere im Rudel lebende Tiere ebenfalls, ein ausgefeiltes System der Kommunikation, das aus Körper-, Laut- und Duftsprache besteht. Wenn Sie die Bedeutung von einigen Gesten und Lauten kennen, können Sie Ihre Untermieter besser verstehen und auf ihre Bedürfnisse eingehen.

So sind Meerschweinchen

Das Verhalten von Meerschweinchen wird vor allem durch zwei Punkte beeinflusst: Sie sind Fluchttiere und sehr soziale Rudeltiere.
▸ Aggressives Verhalten ist ihnen fremd, abgesehen von Rangordnungskämpfen zwischen erwachsenen Männchen, die sehr heftig ausgetragen werden können (Seite 14). Streit oder Futterneid kann man bei ihnen jedoch kaum beobachten. Die kleinen Tiere hätten auch keine Möglichkeit, sich gegen Feinde zu wehren.

Wenn Meerschweinchen sich bedroht fühlen, verkriechen sie sich in einem Schlupfwinkel oder flüchten. Wir müssen berücksichtigen, dass sie leicht erschrecken, wenn sich etwas Ungewohntes nähert.
▸ Ein Angstquieker ist das Signal zum Rückzug. Wird er von einem Gruppenmitglied ausgestoßen, fliehen alle oft im „Gänsemarsch" an einer Wand oder unter einem Vorsprung entlang, da sie in der freien Wildbahn dort verhältnismäßig sicher vor Feinden wären.
▸ Junge Meerschweinchen müssen viel lernen, um sich in der Gruppe mit der differenzierten Kommunikation und den Regeln im Rudel zurechtzufinden. Tiere, die schon sehr jung von den anderen getrennt wurden und allein leben mussten, haben deswegen meistens Probleme bei der innerartlichen Verständigung und dem Leben in der Rangfolge.

Lautsprache der Meerschweinchen

Hören sich die Laute der Meerschweinchen wie ein Murmeln an, sind sie zufrieden.

Gurren ist ein Zeichen der Kontaktaufnahme untereinander, aber auch der Aufnahme von Partnerschaftsbeziehung, meist von Männchen gezeigt.

Zähneklappern, oft verbunden mit dem Hochstellen der Beine und des Körpers ist Imponiergehabe und kündigt einen Rangordnungskampf an.

Tiefes Trillern ist ein Drohlaut oder Werbeverhalten.

Wenn der Nager fordernd quiekt, will er Futter.

Schrilles Quieken ist Angst, Schmerz oder Warnung.

Meerschweinchenkinder müssen viel lernen, um später im Rudel mit der strengen Rangordnung klar zu kommen.

Körpersprache

Dies sind einige Elemente der Körpersprache unserer Meerschweinchen.

- Schnuppern sie an Nase und After eines Artgenossen, nehmen sie Kontakt auf und prüfen, ob das Gegenüber zur Gruppe gehört.
- Luftsprünge und ausgelassenes Toben sind ein Zeichen dafür, dass die Meerschweinchen sich sehr wohl fühlen.
- Tanzender Gang ist Bestandteil der Werbung um ein Weibchen und wird meist begleitet von einem tiefen Trillern.
- Wedelnder Gang, verbunden mit einem Hochstellen der Beine ist hingegen ein Drohverhalten, das auch oft bei Rangordnungsauseinandersetzungen gezeigt wird.
- Spritzen von Urin ist eine Abwehrreaktion, die z.B. zu sehen ist, wenn ein Weibchen zu sehr von einem Männchen bedrängt wird. Weil dabei das Becken angehoben wird, kann der Urinstrahl eine sehr große Reichweite haben, daran sollten Sie denken, wenn Sie ein Meerschweinchen hochnehmen und es sich dabei vielleicht erschreckt.
- Bewegungsloses Verharren wird als Angststarre bei Gefahr gedeutet.
- Hochschlagen des Kopfes wird z.B. beim Streicheln der Stirn gezeigt, wenn das Tier signalisiert, dass es nun genug davon hat, kann aber auch ein Drohverhalten unter Artgenossen sein.
- Aufreiten ist meist Ausdruck des Sexualverhaltens. Kann in seltenen Fällen bei gleichgeschlechtlichen Tieren aber auch eine Dominanzgeste des überlegenen Meerschweinchens sein.

SMART

Gänsemarsch

› **Bei ihren Ausflügen** im Wohnzimmer läuft die ganze Truppe oft im Gänsemarsch hintereinander her, mit einer Vorhut und einer Nachhut. Wenn Jungtiere dabei sind, werden sie in die Mitte genommen.

Vergesellschaftung

Als soziale Tiere brauchen Meerschweinchen unbedingt den Kontakt mit Artgenossen, den weder der Mensch noch andere Heimtiere ersetzen können. Manchmal müssen Sie bei einer Vergesellschaftung viel Geduld zeigen – gerade, wenn Sie zwei Meerschweinchenmänner zusammenbringen wollen.

Wenn Sie ein neues Meerschweinchen mit anderen vergesellschaften möchten, gehört der Neuankömmling zuerst für eine Woche in Quarantäne, das heißt, Sie müssen ihn in einem anderen Raum in einem Extrakäfig unterbringen. Dadurch verhindern Sie, dass er Krankheiten auf die anderen Tiere überträgt. Diese Zeit ist nicht verloren, sondern bietet Ihnen die Möglichkeit, sich mit dem neuen Mitbewohner in aller Ruhe anzufreunden. Ist die Zeit um und der kleine Kerl gesund, kann er seine Artgenossen kennen lernen.

Diese beiden Meerschweinchen haben Freundschaft geschlossen und können nun gemeinsam spannende Abenteuer erleben.

Vergesellschaftungsfahrplan

Gehen Sie folgendermaßen vor, um die Tiere aneinander zu gewöhnen.

- **Reinigen** Sie Gehege und Zubehör gründlich und gestalten Sie die Einrichtung neu, um ein „neutrales" Terrain zu bieten. Sind Probleme zu erwarten, sollte ein neuer, allen unbekannter und geruchlich neutraler Käfig verwendet werden.
- **Nehmen** Sie alle Häuser aus dem Gehege, damit der Neue von den anderen nicht darin „eingesperrt" wird.
- **Verteilen** Sie großzügig Futter im Käfig, damit alle Tiere konkurrenzlos Nahrung aufnehmen können.
- **Beobachten** Sie die Tiere möglichst den ganzen Tag. Sie werden nun eine neue Rangordnung ausmachen, dazu gehören Beschnüffeln, Quieken, vielleicht Brummen, mit den Zähnen klappern und gegenseitiges

Umkreisen, eventuell Spritzen mit Urin, aufreiten oder das Schnappen. Bleibt es dabei und beruhigen die Tiere sich nach einigen Tagen, können Sie wieder Häuser ins Gehege stellen.

- Greifen Sie nicht ein, solange kein „Blut fließt“. Nur bei ernsthaftem Streit sollten Sie etwas tun und die beiden durch ein Gitter trennen. Die Meerschweinchen dürfen sich dann nur beim Freilauf begegnen. Scheinen Sie dann einander friedlich gesonnen zu sein, können Sie sie wieder versuchsweise unter Beobachtung zusammensetzen.
- Stellt sich jedoch selbst dann keine Eintracht ein, sind die Tiere sich eben nicht „grün“ und müssen getrennt bleiben – vielleicht klappt es mit anderen Partnern.

Vorsichtiges Beschnuppern ist typisch für die Kontaktaufnahme, dabei wird das jeweils andere Meerschweinchen eingeschätzt.

Andere Tiere

Vertragen sich unsere geselligen Meerschweinchen mit anderen Haustieren?

- Vor einem Hund, an den die Meerschweinchen gewöhnt sind, fliehen sie nicht, vorausgesetzt, dass dieser sich auch manierlich verhält. Allein lassen sollte man Hunde mit den Nagern auf keinen Fall, Jagdverhalten könnte geweckt werden.
- Eine Katze wird Meerschweinchen immer wieder als Beutetiere betrachten. Sie kann die Kleinen schon dadurch beunruhigen, dass sie auf den Käfig springt und versucht, sie durch die Gitterstäbe mit ihren geschickten Pfoten zu erhaschen.
- Mit anderen Nagern sollten Meerschweinchen nicht vergesellschaftet werden, sie leiden oft erheblich unter der aufgezwungenen artfremden und unnatürlichen Partnerschaft. In einem großen Behälter, möglichst mit Auslauf, ist die Vergesellschaftung von Meerschweinchen mit Kaninchen möglich. Jedoch können Kaninchenböcke oder dominante Weibchen in der Hitze dazu neigen, die Meerschweinchen zu besteigen und zu bedrängen. Dann muss die Gemeinschaftshaltung abgebrochen werden.

SMART

Prima Team

- **Weibchen** lassen sich meist in jedem Alter problemlos aneinander gewöhnen.
- **Auch ein Männchen**, ob kastriert oder nicht, gewöhnt sich in der Regel gut in eine Weibchengruppe ein.
- **Alle anderen „Kombinationen“** von Meerschweinchen erfordern genaue Verhaltenskenntnisse und Erfahrung in der Haltung der kleinen Nager, damit es nicht zu heftigen Auseinandersetzungen kommt.

Kein Fastfood

Neben der artgerechten Haltung ist die Ernährung ganz entscheidend dafür verantwortlich, dass Ihre kleinen Untermieter ein langes und gesundes Leben führen und Ihnen viel Freude bereiten können. Vor allem Frischkost ist wichtig, um den hohen Vitaminbedarf der Meerschweinchen zu decken.

Wildmeerschweinchen ernähren sich vorrangig von frischen und dürren Gräsern und anderen, sehr rohfaserreichen und verhältnismäßig nährstoffarmen Pflanzenteilen. Das ist der Grund dafür, dass alle Meerschweinchen einen im Verhältnis zu ihrer Körpergröße sehr langen Darm besitzen. Deswegen muss ihre Nahrung rohfaserreich und arm an hochverdaulichen Kohlenhydraten sein. Diese Art der Ernährung bedingt, dass das Meerschweinchen sehr oft am Tag jeweils verhältnismäßig kleine Nahrungsmengen zu sich nehmen.

An die Verdauung angepasst

Im Blinddarm findet der größte Teil der Verdauung statt. Dazu tragen bestimmte Bakterien bei, die ein wichtiger Eiweiß- und Vitaminlieferant für das Meerschweinchen sind. In größerer Zahl vorhanden sind bestimmte Milchsäurebakterien. Sie sind unter anderem für die Verdauung der rohfaserreichen Nahrung unentbehrlich und erzeugen im Blinddarm die verschiedenen Vitamine des B-Komplexes und Vitamin K, das unter anderem für die Blutgerinnung notwendig ist. Damit das Meerschweinchen diese wichtigen Vitamine und Eiweiße aus dem Blinddarm nutzen kann, werden sie in Form des „Blinddarmkotes“ ausge-

Heu zur freien Verfügung – ohne kann ein Meerschweinchen nicht gesund bleiben.

schieden, der sich nicht nur in der Zusammensetzung, sondern auch in Farbe und Konsistenz vom normalen Kot unterscheidet. Er ist weicher, heller bräunlich und von einem glänzendem „Häutchen“ überzogen. Er wird meist sofort beim Absetzen direkt am After wieder aufgenommen und gefressen - das Tier krümmt dabei den Rücken. Junge Meerschweinchen verzehren in den ersten Lebenstagen den auch für sie bereits lebensnotwendigen Blinddarmkot von Artgenossen. Die Aufnahme dieses besonderen Kots ist für Meerschweinchen nicht nur normal, sondern unbedingt lebensnotwendig. Würden sie über zwei bis drei Wochen dauernd daran gehindert, würden sie sterben.

SMART

Leckerchen

- **Snacks und Drops** für Nager, die im Handel angeboten werden, enthalten fast immer zuviel Zucker und Fett.
- **Nüsse und Kerne** sind auch ungeeignet.
- **Frischfutter** ist zum Verwöhnen jedoch ideal.

Junge Meerschweinchen fangen bereits kurz nach der Geburt an, neben Milch auch feste Nahrung zu sich zu nehmen.

Falsche Ernährung als Krankheitsursache

Ist nun die Nahrung des Meerschweinchens zu rohfaserarm und damit auch zu weich, wird sie nicht ausreichend gekaut und nicht gründlich genug eingespeichelt, Zahnprobleme sind unter anderem die Folge. Auch im Magen wird das Grundprinzip rohfaserreiche Nahrung wirksam. Nur durch ausreichende Darmbewegungen erfolgt ein zügiger Transport des Nahrungsbreies durch alle Darmabschnitte. Bei einer rohfaserarmen, weichen Ernährung mit zu hohem Gehalt an lebenswichtigen Kohlenhydraten und Eiweißanteil sind beim Meerschweinchen also bereits Verdauungsstörungen vorprogrammiert. Ist die Nahrung zu nährstoffreich und zu rohfaserarm, kippt das Säure-Basen-Gleichgewicht im Darm, und für die Verdauung wichtige Bakterien werden durch schädliche wie Kolibakterien, Pasteurellen, im ungünstigsten Fall auch Salmonellen verdrängt, die in großer Zahl krank machen oder zumindest die Verdauungsprozesse erheblich stören können.

Frisch & knackig

Einwandfreies Heu muss den Meerschweinchen ständig zur freien Verfügung angeboten werden, damit sie nach Belieben davon fressen können. Das Heu darf niemals staubig, feucht, muffig, verschimmelt oder anderweitig verdorben sein und es muss nach der Ernte – das gilt auch für selbst getrocknete Kräuter – mindestens sechs Wochen lang gut durchlüftet gelagert worden sein, bevor es verzehrt werden darf.

Vitamine

Meerschweinchen gehören wie die Halbaffen, Affen und der Mensch zu den wenigen Säugetieren, die nicht in der Lage sind, in ihrem Körper Vitamin C (Ascorbinsäure) selbst herzustellen. Das heißt, sie müssen ihren gesamten Bedarf an Vitamin C durch die Nahrung zu sich nehmen. Dabei braucht ein Meerschweinchen täglich pro Kilogramm Körpergewicht unter normalen Bedingungen 16, unter Stressbedingungen, bei erhöhter Infektionsgefahr, Krankheiten und Trächtigkeit 30 mg Vitamin C. Durch eine ausgewogene Ernährung mit Frischfutter kann dieser Bedarf meist gedeckt werden. Besteht jedoch ein Mangel, sollten Sie den Meerschweinchen Ergänzungspräparate geben. Lassen Sie sich von Ihrem Tierarzt beraten und passende Mittel sowie die richtige Menge empfehlen.

Geeignetes Frischfutter

Vitamin-C-Gehalt einzelner Obst- und Gemüsesorten pro 100 g: Apfel 11 mg (nur ganz reif füttern), Blumenkohl (Karfiol) 70 mg, Brokkoli 70 mg, Brunnenkresse 48 mg, Chicoree 9 mg, Chinakohl 27 mg, Endivie 7 mg, Feldsalat 26 mg, Fenchelknolle 93 mg, Gemüsepaprika 110 mg, Grünkohl 54 mg (bläht von allen Kohlsorten am wenigsten), Gurke 5 mg, Karotte/Möhre 4 mg (in Maßen füttern), Kartoffel 12,5 mg, Kohlrabi 59 mg (in geringen Mengen füttern), Kopfsalat 9 mg, Petersilie 160 mg, Rote Rübe 8 mg, Spinat 49 mg, Wirsing 32 mg.

Weiterhin sind geeignet: Bärenklau, Breit- und Spitzwegerich, Eisbergsalat, Gräser (besonders Süßgräser), Möhrenkraut, Löwenzahnkraut einschließlich Blüten, Luzerne, Maispflanzen, junger Markstammkohl, Melone, Rot- und Weißklee, Schafgarbe, Vogelmiere.

Rohkost hält gesund

Im Sommer bieten sich Gräser und Kräuter verschiedener Art an. Natürlich darf man Grünfutter nur von hygienisch einwandfreien Wiesen sammeln, wo sich keine Hunde lösen, keine Schädlingsbekämpfungsmittel eingesetzt werden oder die Belastung durch Autoabgase hoch ist. Regen- und taunasses Grünfutter kann ohne Bedenken verfüttert, verschmutztes sollte gewaschen werden. Wird Frischfutter einige Tage gelagert, sinkt der Vitamin-C-Gehalt erheblich.

Löwenzahn enthält viel Vitamin C und ist sehr gesund für Meerschweinchen. Getrocknetes Brot muss schimmelfrei sein und darf nur in der Menge wie Fertigfutter gegeben werden – und nicht zusätzlich.

- Junges Grünfutter im zeitigen Frühjahr, ganz besonders Luzerne, Rot- und Weißklee, ist noch sehr eiweißreich und rohfaserarm. Es darf dann nur in geringen Mengen angeboten werden – am besten verteilen Sie es fein unter das Heu. Ihre Meerschweinchen werden dann zwar versuchen, nur die Grünfutterhälmchen und -blättchen herauszuzupfen, sie können das Grünfutter aber so wesentlich langsamer aufnehmen als ohne.
- Außerhalb der „Sammelsaison" können Sie Ihren Meerschweinchen natürlich auch gekauftes Frischfutter anbieten (Tabelle links). Dieses sollte möglichst „öko" und gut gewaschen sein.

Fertigfutter

Als Fertigfutter reicht man am besten Grünmehlpellets aus dem Zoofachhandel. Getreide ist dagegen viel zu nährstoffreich. Pro Kilogramm Körpermasse eines Meerschweinchens sollten pro Tag nur 10 bis 20 g Hafer verabreicht werden! Berechnen Sie anhand des Gewichts, wie viel Fertigfutter jeder Ihrer Hausgenossen täglich braucht und wiegen Sie sich diese Menge ab, damit Sie in Zukunft einschätzen können, wie groß oder wie klein die tägliche Ration eigentlich ist. Dabei werden Sie feststellen, dass dies nach sehr wenig aussieht. Fertigfutter sollte Meerschweinchen grundsätzlich niemals als Allein-, sondern nur als Ergänzungsfutter verabreicht werden. Der überwiegende Teil der Nahrung sollte aus Saftfutter bestehen, bei gleichzeitig unbegrenzter Aufnahme von Heu, und zwar das ganze Jahr über.

SMART

Nagematerial

- **Zur Abwechslung** und für eine zusätzliche Abnutzung der ständig nachwachsenden Zähne sollten Sie den Tieren frische Äste anbieten.
- **Geeignet sind** Apfelbaum, Birnbaum, Linde, Birke oder Buche.

Lustige Futterspiele

Die wild lebenden Vettern unserer Meerschweinchen verbringen viel Zeit des Tages mit der Futtersuche. Auch ihre bei uns lebenden Verwandten sollten sich für ihre Mahlzeiten etwas anstrengen, das beschäftigt und hält fit.

1

◂ Aufgespießt Stecken Sie Gemüse und Obst auf Zweige. Stellen Sie die Zweige dann in einen Ziegelstein, damit die Meerschweinchen davon abknabbern können. Im Zoofachhandel werden auch spezielle Halter für Frischfutter angeboten, die Sie ins Gehege hängen können. Die Tiere müssen sich dann ganz schön lang machen, um die begehrten Stücke zu bekommen. Alternativ können Sie ebenso Kräuter oder Laub zusammenbinden und ins Gehege hängen.

Futterrolle ▸ Leckerbissen lassen sich in unbedruckten Papprollen verstecken, deren Öffnungen mit Heu verstopft sind. Zum Üben können Sie das Futter auch in weißes Küchenpapier einschlagen. Für zwischendurch sollten Sie das Futter nicht nur im Napf anbieten, sondern im Gehege und auf Etagen verteilen. Die Tiere sind mit der Suche eine Weile beschäftigt. Fangen Sie damit an, das Futter erst an einer Stelle zu platzieren und den Radius langsam zu vergrößern.

2

3

Hinternislauf ▸ Bauen Sie beispielsweise mit kleinen Kartons, Korkröhren und Brücken einen Hindernisparcours auf und lotsen Sie die Feinschmecker mit einem Leckerbissen hindurch, gut eignet sich dafür ein Stück Gurke oder Petersilie. Gerade die besonders aufgeweckten Meerschweinchen werden daran ihre große Freude haben. Bei den schüchternen Gesellen brauchen Sie vielleicht etwas Geduld. Wenn Sie aber jeden Fortschritt belohnen und die kleinen „Sportler" immer freundlich loben, werden sie bestimmt bald mit großem Eifer bei der Sache sein.

4

◂ **Kopfball** Im Zoofachhandel gibt es spezielle Bälle mit einer Öffnung für Futter in verschiedenen Größen, z.B. auch für große und kleine Hunde. Für Kaninchen und Meerschweinchen sind sie noch eine Nummer kleiner. Um an den leckeren Inhalt zu kommen, müssen die Meerschweinchen den Ball im Gehege oder beim Freilauf auf dem Fußboden herumkullern. Viele haben eine große Freude daran. Als Füllung eignen sich am besten Trockengemüse und -obst. Allerdings kommen nicht alle Meerschweinchen mit der Rolltechnik zurecht. Diesen sollten Sie dann eine andere Beschäftigung anbieten.

Fit mit fun

Meerschweinchen haben oft den Ruf, langweilig zu sein. Doch damit wird diesen aufgeweckten Tieren Unrecht getan – im Gegenteil, sie sind sehr intelligent und besitzen zahlreiche Talente. Allerdings wollen die kleinen Nager entdeckt werden. Sie servieren ihre Fähigkeiten nicht auf dem Tablett.

Meerschweinchen brauchen zwar nicht so viel Beschäftigung wie ein Hund oder eine Katze, denn das spannende Leben in der Gruppe bietet ihnen schon viel Abwechslung. Trotzdem können Sie den Meerschweinchenalltag interessanter gestalten, indem Sie den Kerlchen Spielmöglichkeiten im Gehege anbieten und ihnen kleine Aufgaben stellen. Das sorgt nicht nur für Beschäftigung, sondern bietet Ihnen auch ungeahnte Einblicke in ihr Verhalten. Meerschweinchen können lernen, auf das Rufen ihres Namens zu reagieren, auch auf bestimmte Rufe oder Pfiffe – Voraussetzung ist, dass die Tierchen schon zahm sind.

Verhaltensforschung im Wohnzimmer

Schauen Sie doch einmal genauer hin und beobachten Sie gezielt das Verhalten Ihrer kleinen Untermieter. Sie werden dabei Erstaunliches entdecken machen. Beobachten Sie vielleicht, welches Futter jedes Ihrer Tiere am liebsten mag, wo

Beim Freilauf in der Wohnung können Kinder und Meerschweinchen einander entdecken. Kleine Leckerbissen wie ein Stückchen Gurke oder Löwenzahn helfen dabei.

sein bevorzugter Ruheplatz ist, welche Routen es bei den Touren durch das Gehege oder beim Freilauf nimmt, mit welchem seiner Artgenossen es am liebsten Kontakt hält und kuschelt, wie die Rangordnung in der Gruppe aussieht, welches Tier besonders kletterbegabt ist und auf welche Geräusche es am ehesten regiert. Gerade die Kommunikation der Tiere bietet unendlich viele Variationen und lohnt eines genaueren Blickes. Mit kleinen, für die Tiere harmlosen „Tests", können Sie noch viel mehr erfahren. Besonders für Kinder ist das eine spannende Angelegenheit.

▸ Für den Napftest brauchen Sie drei gleiche Näpfe, auf die Sie unterschiedliche Zeichen malen, auf einen z.B. ein Kreuz, den zweiten ein Rechteck und den dritten einen Kreis. Wenn Sie den Tieren täglich einen Leckerbissen in immer demselben Napf anbieten und nach einer Woche in einem anderen, können Sie testen, ob die Tiere zuerst zum gewohnten Napf laufen.

▸ Ein Labyrinth lässt sich leicht aus Stecksteinen, Ziegelsteinen, unbehandeltem Holz oder Pappe bauen. Wenn Sie Leckerchen darin verstecken, können Sie beobachten, wie schnell Ihre Meerschweinchen brauchen, um diese zu finden.

SMART

Sonnenschutz

› **Der Aufenthalt** an der frischen Luft ist wichtig für Meerschweinchen.
› **Sorgen Sie** für genügend Schattenplätze. Gerade helle oder weiße Tiere mit wenig oder keinem Pigment bekommen leicht Sonnenbrand.

Häuschen mit einer Art Hühnerleiter animieren Meerschweinchen, auch einmal aufs Dach zu steigen.

Auslauf im Garten

Ihre Meerschweinchen freuen sich über Auslauf in einem mobilen Gehege im Garten auf (Foto Seite 21). Dieses können Sie im Zoofachhandel kaufen. Es kann dann im Gras immer ein Stück versetzt werden, damit die Wiese portionsweise abgeweidet werden kann. Der Auslauf muss von oben abgedeckt werden, um Katzen und Greifvögel fern zu halten. Richten Sie das Gehege mit Versteckmöglichkeiten ein, ein Wassernapf darf nicht fehlen.

Meerschweinchen on tour

Meerschweinchen, die in der Wohnung gehalten werden, brauchen täglich Freilauf. Es wird der Höhepunkt des Tages für die Nagerbande, wenn sie im Gänsemarsch munter durch die Zimmer flitzen kann.

Gut beobachten

Der Freilauf in der Wohnung sollte nur unter Ihrer Aufsicht stattfinden. Das hat zwei Gründe: einerseits können Sie den Tieren helfen, wenn sie in eine brenzlige Situation geraten, andererseits können Sie so ein Auge auf die kleinen Racker haben, damit sie nicht Ihre Einrichtung anknabbern. Deswegen müssen auch vorher alle möglichen Gefahren in der Wohnung beseitigt werden (siehe rechts).

▸ **Auf Zuruf** kommen nur die wenigsten Meerschweinchen aus ihren Verstecken unter Möbeln und Regalen hervor. Zahme, zutrauliche Tiere lassen sich jedoch oft mit Grünfutter hervorlocken, vorausgesetzt, sie haben sich nicht gerade vorher damit satt gefressen. Aus diesem Grund ist es sinnvoll, die Fütterung auf nach dem Freilauf zu verschieben. Wollen die Kleinen partout nicht kommen, können Sie den Käfig auf den Boden stellen und besondere Leckerbissen darin anbieten. Die Ausreißer werden nicht lange widerstehen können. Ganz hartnäckige Gesellen können Sie behutsam mit einem Brett in eine Ecke drängen und dann dort vorsichtig einfangen. Meerschweinchen werden im Gegensatz zu Hunden, Katzen und vielen Kaninchen kaum stubenrein. Sie sind nicht an einen Kotplatz zu gewöhnen, sie setzen Kot und Harn an verschiedenen Stellen ab – häufiger Hausputz ist da unumgänglich – darauf sollten Sie sich vorher einstellen.

„Wohin geht die Reise?“ Sicher ist, dass der Freilauf viele spannende Erlebnisse, Abwechsung und die wichtige Bewegung bietet, die Meerschweinchen brauchen.

Ein Kuschelkissen ist ein willkommener Platz für eine Pause beim Freilauf. Achten Sie darauf, dass die Tiere es nicht annagen.

Achtung gefährlich!

Es gibt in jeder Wohnung viele Stellen und Gegenstände, die für Meerschweinchen gefährlich sein können. Unterziehen Sie die Freilaufräume einer gründlichen Inspektion, bevor Ihre Meerschweinchen die Freiheit genießen dürfen.

- Elektrokabel müssen unbedingt gut abgedeckt oder außer Reichweite gebracht werden. Benagen die Tiere sie, können Sie einen Stromschlag bekommen. Angenagte Kabel sind auch immer eine Gefahr für Menschen, besonders für Kinder.
- Vergiftungen drohen beim Benagen chemisch behandelter Möbel und Teppiche, Chemikalien, usw. Auch Zimmerpflanzen können gefährlich sein, übliche giftige Pflanzen im Haus sind Alpenveilchen, Bogenhanf, Dieffenbachie, Drachenbaum, Lilien, Narzissen, Philodendron, Weihnachtsstern, Yuccapalme, Ziertabak, (Seite 60).
- Sich Einklemmen oder Steckenbleiben können die Meerschweinchen in Türen, Schubladen, Spalten sowie hinter oder unter Möbeln. Kontrollieren Sie diese vor dem Freilauf und sichern Sie Türen so ab, dass sie nicht zuschlagen können. Spalten und Ritzen können Sie beispielsweise mit stabiler Pappe abdecken.
- Balkone mit ungesicherten, bodennahen Zwischenräumen sowie Treppen können zu schweren Abstürzen führen und müssen unbedingt ausreichend mit Netzen oder Spanplatten gesichert werden.
- Terrassentüren müssen immer geschlossen sein, damit die Meerschweinchen nicht unbeabsichtigt ins Freie entweichen können.
- Zugluft im Zimmer sollte beim Freilauf der Nager unbedingt vermieden werden. Sonst kann es zu schweren Erkrankungen kommen.
- Hunde sollten beim Freilauf nicht unbeaufsichtigt bei den Meerschweinchen bleiben, Katzen lieber solange in einem anderen Zimmer untergebracht werden. Papageien oder Sittiche können die Meerschweinchen im Spiel verletzen.
- Auch Menschen können den kleinen Nagern Schaden zufügen, wenn sie diese versehentlich treten.

SMART

Alternativplan

- **Freilauf** muss sein, doch vielleicht haben Sie nicht immer die Möglichkeit, die Tiere zu beaufsichtigen oder alle Gefahren zu beseitigen.
- **Alternativ** können Sie den Tieren ein mobiles Freilaufgehege im Zimmer aufstellen – mehrere, miteinander verbunden, bieten viel Platz.
- **Einrichten** können Sie es mit Spielmöglichkeiten. Kalte Fliesen sollten dabei abgedeckt werden.

Liebevoll umsorgt

Zimmerservice

Meerschweinchen sind sehr pflegeleichte Tiere und brauchen selten die Hilfe ihrer Menschen. In einem sauberen Gehege riechen Sie noch nicht einmal unangenehm. Es sollte selbstverständlich sein, dass Sie sich regelmäßig um Ihre Tiere kümmern und Käfig und Gehege immer ordentlich sauber halten.

Normalhaarige und Rosettenmeerschweinchen brauchen keine Unterstützung bei ihrer Körperpflege.

Haarpflege

Anders sieht das bei den langhaarigen Kollegen aus. Damit ihr Fell nicht verfilzt, müssen sie täglich mit einer weichen Bürste und einem Kamm gepflegt werden – das ist besonders an den hinteren Körperregionen wichtig. Auslöser für Verfilzungen sind oft Heuteilchen und Kletten, die sich in den Haaren verfangen haben. Verfilzte Stellen sollten Sie vorsichtig mit einer abgerundeten, nach oben gebogenen Schere abschneiden. Dabei hebt man den Filz vorsichtig von der Haut ab.

▸ **Praktischer** ist es, langhaarigen Meerschweinchen regelmäßig einen Haarschnitt zu verpassen. Schneiden Sie die Haare dazu so ab, dass sie ein bis zwei Zentimeter über dem Boden enden, um die Afterregion noch kürzer. Manchmal übernehmen auch Artgenossen diesen „Job" und knabbern ihren Kollegen am Fell. Die Auslöser sind allerdings meist Mangelerscheinungen oder Langeweile. Überprüfen Sie dann die Haltungsbedingungen und Fütterung.

▸ **Baden** ist nur bei starken Verschmutzungen durch Durchfall und zur Parasitenbekämpfung gerechtfertigt. Wenn unbedingt ein Bad nötig ist, sollte ein sehr mildes Baby- oder vom Tierarzt verordnetes medizinisches Shampoo verwendet

So wird die Pflege zur Routine

- **Täglich Frischfutterreste entfernen, Näpfe und Trinkflasche mit heißem Wasser reinigen, stark verschmutzte Einstreu entfernen, langhaarige Tiere bürsten bzw. Verfilzungen abschneiden.**
- **Wöchentlich die komplette Einstreu wechseln sowie Bodenwanne und Einrichtungsgegenstände mit heißem Wasser oder heißem Sodawasser reinigen.**
- **Monatlich die Haare bei langhaarigen Tieren schneiden (wenn gewünscht) und die Gitter mit heißem Wasser oder heißem Sodawasser reinigen.**
- **Wenn nötig Krallen schneiden. Nur auf Anraten des Tierarztes die Tiere baden sowie Gehege und Einrichtung desinfizieren.**

Normalhaarige Meerschweinchen wie dieses müssen eigentlich nicht gebürstet werden, langhaarige dagegen regelmäßig.

und anschließend wieder gut ausgespült werden. Hinterher dürfen Sie ein gründliches Abtrocknen oder Trockenfönen in einem warmen, zugfreien Raum nicht vergessen, sonst können sich die Meerschweinchen erkälten.

SMART

Zwischenstopp

› **Ihre Meerschweinchen** können während der Käfigreinigung Auslauf genießen oder werden, wenn niemand auf sie achten kann, am besten in der Transportbox oder im mobilen Auslaufgehege untergebracht.

Krallenpflege

Bei älteren Meerschweinchen nutzen sich oft die Krallen nicht mehr ausreichend ab. Sie wachsen dann nicht selten unregelmäßig, bilden Krümmungen, Wellen, manchmal fast korkenzieherartige Windungen. Wichtig ist daher ein regelmäßiges Kürzen der Krallen. Am besten lassen Sie ich das Schneiden der Krallen von Ihrem Tierarzt zeigen.

Käfigreinigung

Mindestens einmal in der Woche ist Hausputz angesagt. Dann werden die komplette Einstreu erneuert und Käfig sowie Inneneinrichtung gereinigt. Scharfe Reinigungsmittel können bei Meerschweinchen aber zu Haut- und Atemwegsreizungen führen. Besser ist die Verwendung von heißer Sodalösung, die auch Parasiten und deren Entwicklungsstadien bekämpfen hilft. Dabei muss unbedingt mit reichlich heißem Wasser nachgespült werden. Die Trinkflasche sollten Sie nur mit heißem Wasser und einer Flaschenbürste reinigen. Alle Einrichtungsgegenstände müssen ganz trocken sein, bevor sie zurück ins Gehege kommen.

Vorsorge

Die beste Vorbeugung gegen Krankheiten sind ausgewogene und artgerechte Fütterung, hygienische Haltung und die Vergesellschaftung mit mindestens einem Artgenossen. Wenn dies alles erfüllt ist, werden Sie viel Freude an Ihren Meerschweinchen haben und Erkrankungen bleiben die Ausnahme.

Durch tägliche Beschäftigung mit Ihren Meerschweinchen werden Ihnen Veränderungen im Verhalten, bei der Futteraufnahme, Niesen, Husten, flaches oder hechelndes Atmen, eingeschränkte Bewegungen wie Hinken, Lähmungen, gekrümmte Körperhaltung oder Verdauungsprobleme (Seite 52) rasch auffallen. Dann sollten Sie den Nager zum Tierarzt bringen.

Wiegen Sie Ihre Meerschweinchen einmal wöchentlich. Auffällige Gewichtsschwankungen können auf eine Erkrankung hindeuten.

Regelmäßiger Check

Einmal wöchentlich sollten Sie einen großen Check-Up bei Ihren Tieren vornehmen. Achten Sie dabei besonders auf folgende Punkte:

- Veränderungen der Haut oder des Haarkleides,
- Ausfluss aus Augen, Nase, Ohren oder Genitalien,
- Die Farbe des Urins, der normalerweise dickflüssig und gelblich aussieht,
- Sabbern, Speicheln, Zähneknirschen (Anzeichen für Zahnprobleme),
- Wunden, Verletzungen,
- verschmutzter After,
- Schwellungen, Rötungen,
- Veränderungen an Kaudalorganen und besonders bei älteren Männchen der Perinealregion (siehe rechts).

Stellen Sie eines der Symptome fest, können Sie anhand der nachfolgend vorgestellten Krankheiten prüfen, wie Sie weiter verfahren sollten. Können

Sie die Symptome nicht zuordnen oder ist der Zustand des Tieres Besorgnis erregend, sollten Sie schnell den Tierarzt aufsuchen, damit er die Ursache abklären kann.

Augen, Nase und Ohren

Wenn Sie Schmutz, Verklebungen, Ausfluss oder Schorf an Ohren, Nase oder Augen feststellen, müssen Sie Ihr Meerschweinchen dem Tierarzt vorstellen. Dahinter kann sich eine Erkrankung verbergen, die fachmännisch behandelt werden muss. Hausmittel sind dann nicht angebracht. Mit einem Wattestäbchen, gegebenenfalls mit Paraffinöl getränkt, können Sie Verkrustungen oder Verklebungen selbst lösen. Verwenden Sie aber keine Kamillenlösung zum Augenreinigen, die immer noch als Hausmittel empfohlen wird. Diese kann zu Reizungen und Haarausfall in der Umgebung der Augen führen.

Wenn das Meerschweinchen sich nach dem Leckerchen reckt, können Sie seine Zähne sehen.

Pflege des Anal- und Genitalbereichs

Meerschweinchen besitzen in der Afterregion die Perinealtasche. Darin sammelt sich, besonders bei alten männlichen Tieren, häufig Kot an. Mit leichtem Druck von außen nach innen – am besten gleichzeitig von beiden Seiten – hilft man den Meerschweinchen, diese immer wiederkehrenden Kotansammlungen in den Taschen loszuwerden. Sie können sich das Ausdrücken aber auch das erste Mal von Ihrem Tierarzt zeigen lassen.

▸ **Ganz normal** ist ein dunkler Fleck über der Schwanzwurzel – lassen Sie sich davon nicht irritieren. Es handelt sich dabei um das so genannte Kaudalorgan. Dies ist ein Drüsenfeld, das über Düfte wichtige Sexualinformationen abgibt, die der Individualerkennung dienen. Die Haare in seiner Umgebung sind oft fettig. Dieser Bereich neigt besonders bei älteren Meerschweinchen beziehungsweise Männchen zu übermäßiger Sekretabgabe und Verkrustung sowie zur Geschwürbildung.

SMART

Gute Böhnchen

› **Meerschweinchenkot** ist länglich geformt und dunkel- bis schwarzbraun, seine Oberfläche nach dem Absetzen leicht glänzend. Durch Farbstoffe in der Nahrung wie Rote Bete, kann er sich rot färben.

Schnelle Hilfe

Wenn Sie Krankheitsanzeichen erkennen, sollten Sie wie nachfolgend beschrieben vorgehen.

Wundversorgung

Entzündungen oder Vereiterungen der Haut und Abszesse werden meist durch Bissverletzungen oder Verletzungen an spitzen oder scharfen Gegenständen verursacht. Behandeln Sie leichte Wunden mit einer Wund- und Heilsalbe aus der Apotheke, die z.B. Panthenol und Vitamine enthält. Entzündete oder tiefe Verletzungen müssen vom Tierarzt versorgt werden.

Parasiten

Juckreiz und häufiges Kratzen sind meist die Anzeichen für einen Parasiten- oder Pilzbefall.

- **Haarausfall** kann durch hormonelle Störungen bei weiblichen Tieren oder einen Befall durch Parasiten, Hefen oder Pilze verursacht werden.
- **Weißliche** Punkte an den Haaren oder auf der Haut sind typisch für Haarlinge.
- **Stumpfes Haarkleid,** unregelmäßig verteilter Haarausfall, Krusten und Schmerzen beim Kratzen sind Anzeichen für Räudemilben, meist die tief unter der Haut sitzende Sarkoptesmilbe.
- **Kreisrunde** gerötete, schuppige oder borkige Hautveränderungen oder Haarausfall deuten auf einen Befall durch Hefen oder Pilze hin. Diese sind auf den Menschen übertragbar! Tragen Sie beim Kontakt mit dem Tier Einweghandschuhe oder desinfizieren Sie anschließend Ihre Hände und achten Sie darauf, dass Sie sich nicht an ungeschützten Körperstellen, z.B. im Gesicht berühren, bevor die Hände desinfiziert sind. Kinder sollten Ihre Meerschweinchen dann besser nicht anfassen.
- **Parasitenbefall** muss immer dem Tierarzt vorgeführt werden, damit die genaue Diagnose gestellt und die passende Behandlung eingeleitet werden kann.

Der Tierarztbesuch

Schildern Sie dem Tierarzt die Lebensumstände Ihres Schützlings, weisen Sie auf das Alter und eventuelle Vorerkrankungen des Patienten hin oder Medikamente, die er bereits verordnet bekommen hat. Nehmen Sie wenn möglich, eine Kotprobe mit.

Der Tierarzt wird das Meerschweinchen gründlich untersuchen, bevor er die Diagnose stellt. Fragen Sie nach, wenn Sie etwas nicht verstehen, zur Sicherheit können Sie sich Notizen machen.

Der Tierarzt erklärt Ihnen Behandlung und die voraussichtlichen Heilerfolge auf verständliche Weise.

Halten Sie sich an die Anweisungen des Tierarztes und geben Sie Medikamente so wie verordnet.

Allergien

Sie führen z.B. zu Reizungen an Augen, Nase oder Haut und Entzündungen an den Pfoten. Allergien können durch kleinste Mengen von Schadstoffen in der Einstreu oder in Teppichen verursacht werden. Stellen Sie das Meerschweinchen dem Tierarzt vor und versuchen Sie, den Auslöser zu finden und zu eliminieren. Fangen Sie mit neuer Einstreu an.

Lippengrind

Geschwollene Lippen und Ekzeme im Bereich der Mundwinkel (Grund sind Mängel an essenziellen Fettsäuren sowie Vitamin A und C) verursachen feinste Risse in der Haut. Diese Risse infizieren sich mit Hefen, Bakterien oder beidem.

SMART

Sekundärerkrankungen

› **Starker Parasitenbefall** wird meist durch ein geschwächtes Immunsystem begünstigt. Überprüfen Sie Haltung, Ernährung oder mögliche Stressauslöser und beseitigen Sie evtl. vorhandene Fehler.

Rassemeerschweinchen haben Rassetiere durch den runden Kopf oft Probleme mit den Zähnen, der Atmung und den Tränenkanälen.

▸ **Geben** Sie ein Multivitaminpräparat und ein vom Tierarzt vorgeschlagenes Langzeit-Vitamin-C-Präparat sowie täglich etwa einen Teelöffel geschroteten Leinsamen und Sonnenblumenkerne, um den Fettsäuregehalt zu stabilisieren.

Hitzschlag

Der Organismus des Meerschweinchens ist nicht in der Lage, eine Thermoregulation zu betreiben. Für Überhitzung und Hitzschlag sind besonders übergewichtige Tiere anfällig. Gefährlich wird es bei einer Umgebungstemperatur von etwa 28 °C, oft verbunden mit einer Luftfeuchtigkeit über 70 %. Anzeichen sind Apathie, hechelnde Atmung, flacher, beschleunigter Puls, blau anlaufende Schleimhäute, erhöhte Körpertemperatur, die den Normalbereich von 37,4 bis 39,5 °C deutlich überschreitet und oft Speichelfluss. Suchen Sie dann sofort den Tierarzt auf!

▸ **Kühlen** Sie das Tier bis dahin mit feuchten (aber nicht eiskalten) Tüchern ab, baden Sie die Pfoten in kühlem Wasser und dunkeln Sie die Transportbox ab. Ist der Tierarzt nicht sofort erreichbar, kann man sich mit wenigen Millilitern dünnen Bohnenkaffees oder einigen Tropfen eines Kreislauf anregenden Mittels helfen, das es rezeptfrei in Apotheken gibt.

Vergiftungen

Anzeichen sind Verdauungsstörungen, starkes Speicheln, blutiger Kot, Apathie, Zittern, Krämpfe und Lähmungen. Suchen Sie dann sofort den Tierarzt auf!

Mögliche Krankheiten

In einer Box die Meerschweinchen auf dem Weg zum Tierarzt gut untergebracht. Vermeiden Sie unterwegs Zugluft und Witterungseinflüsse.

Nachfolgend werden die häufigsten Krankheiten der Meerschweinchen kurz beschrieben.

Durchfall

Weicher, klebriger, breiiger oder wässriger Kot sind die Anzeichen. Ursachen sind falsche Fütterung, zu rasche Futterumstellung, eine Infektion und in der Folge eine Darmentzündung. Stellen Sie dann das Futter um. Bieten Sie zwei bis drei Tage lang nur Heu und Wasser mit Vitamin C an (Kasten rechts). Wird der Durchfall nicht innerhalb von 24 Stunden besser oder ist er sehr stark, müssen Sie den Tierarzt aufsuchen. Wichtig: Wasserverlust, z.B. bei Durchfall, kann rasch zu Austrocknung führen. Überprüfen Sie das, indem Sie am Rücken mit Daumen und Zeigefinger vorsichtig die Haut hochziehen. Legt sich die Falte nicht sofort wieder, besteht Flüssigkeitsmangel: Sofort den Tierarzt aufsuchen! Trinkt das Tier nicht genug, müssen Sie Flüssigkeit mit einer Spritze ohne Kanüle geben.

Verstopfung

Wenn ein Meerschweinchen keinen Kot absetzt, kann das an Bewegungsmangel, ballaststoffarmer Ernährung oder Wassermangel liegen. Das Tier sitzt dann geduckt, zum Teil mit gekrümmten Rücken in seinem Käfig, nimmt kaum an der Umgebung teil und reagiert wenig bis überhaupt nicht. Geben Sie dann etwas Paraffinöl (je nach Größe 0,5 bis 2 ml) mit einer Spritze ins Mäulchen. Hält die Verstopfung länger als 24 Stunden an oder wirkt das Tier zusätzlich geschwächt, müssen Sie zum Tierarzt.

Blähungen

Gasbildung im Darm kann schnell lebensgefährlich für ein Meerschweinchen werden, weil sich dann das Zwerchfell vorwölbt und Herz und Lunge einengt: Erstickung oder Herzstillstand drohen! Erste Anzeichen sind Bewegungsunlust und ein aufgetriebener Bauch. Verursacht werden Blähungen durch falsche Fütterung. Suchen Sie sofort den Tierarzt auf, damit das leidende Tier sofort krampflösende Mittel bekommt!

Ziegelsteine und Schieferplatten im Gehege helfen, die Krallen auf natürliche Weise abzunutzen.

Erkrankungen des Atmungsapparates

Niesen, wässriger oder eitriger Nasenausfluss und Husten können durch staubige Einstreu, trockene Heizungsluft, Erkältung oder Schnupfen (verursacht durch Zugluft, Unterkühlung oder Infektion) ausgelöst werden. Versuchen Sie, den Auslöser abzustellen.

Tritt in 24 Stunden keine Besserung ein müssen Sie zum Tierarzt. Wichtig: Haltungsfehler und Stress können auch die Entwicklung einer Lungenentzündung begünstigen. Ist das Tier schwach, muss es sofort zum Tierarzt!

Ohrentzündungen

Sie äußern sich oft durch dunkles Sekret im äußeren Ohr, Juckreiz und Ohrkratzen. Dazu kommen beeinträchtigtes Allgemeinbefinden, Fieber, Futterverweigerung und Schiefhalten des Kopfes. Ursachen sind meist Fremdkörper, Staub oder Schmutz, Bakterien oder Pilze. Suchen Sie den Tierarzt auf und lassen Sie sich das Reinigen des Ohrs zeigen.

SMART

Hilfe bei Durchfall

- **Gegen Flüssigkeitsverlust** hilft Kochsalz im Trinkwasser (1 gestrichener Esslöffel Salz auf 1 l abgekochtes Wasser).
- **Geriebener Apfel** und lauwarmer, ungesüßter sehr dünner Kamillentee oder schwarzer Tee wirken regulierend auf die Verdauung.
- **Bieten Sie** bei einer bestätigten Darmentzündung Zweige von Eichen und Weiden an, der hohe Gehalt an Gerbsäure und Tanninen unterstützen die Heilung des Tieres.

Was Sie tun können

Halten Sie sich bei der Krankenpflege genau an die Anweisungen des Tierarztes. Geben Sie Ihren Tieren niemals Medikamente, ohne ihn vorher zu fragen!

Krankenkost

Frisst das Meerschweinchen nichts oder ist ihm wegen einer Zahnerkrankung das Kauen nicht möglich, können Sie die gewohnte Nahrung in einer Mühle klein mahlen und mit Wasser oder einem Tee nach Anweisung des Tierarztes vermischen.

- **Frisst** das Tier den angebotenen Brei nicht von selbst, geben Sie ihn mit einer Spritze ohne Nadel in den zahnlosen Zwischenraum zwischen Schneide- und Vorbackenzähnen vorsichtig direkt in das Mäulchen. Ein leichter Druck auf den hinteren Teil der Zunge hilft, den Schluckreflex auszulösen – das Tier darf sich aber nicht verschlucken! Pro Mahlzeit sollten etwa 2 bis 3 ml Speisebrei pro 100 g Körpermasse gegeben werden. So können Sie dem Tier auch Medikamente eingeben.

Prüfen Sie regelmäßig, ob die Zähne der Meerschweinchen richtig abgenutzt sind und korrekt zueinander stehen.

Wärmebehandlung

Wenn das Meerschweinchen an einer Erkältung oder Gelenkbeschwerden leidet, wird der Tierarzt eventuell die Anwendung einer Rotlichtlampe empfehlen. Achten Sie auf einen Abstand zum Tier von etwa einem Meter, andere Gegenstände dürfen sich wegen Brandgefahr nicht zu nah an der Wärmequelle befinden. Bestrahlen Sie nur einen Teil des Geheges, damit das Tier sich zurückziehen kann, wenn ihm zu warm wird.

Inhalation

Sie ist z.B. bei Erkältungen auf Anraten des Tierarztes angebracht. Stellen Sie eine Schüssel mit heißem Kamillenaufguss neben den Käfig und achten Sie auf gute Luftzirkulation – Zugluft muss dabei vermieden werden. Wenn das Tier sehr zahm ist, können Sie es bei der Inhalation auch auf den Schoß setzen, während die Schüssel auf dem Boden steht. Damit nichts passiert, muss die Schüssel mit einem Gitter abgedeckt sein.

Ein schöner Lebensabend

Meerschweinchen werden sechs bis acht Jahre alt, seltener zehn oder gar älter. Ein vier- bis fünfjähriges Tier zählt schon zu den Senioren. Lassen Sie auch alte Tiere bei Krankheitsanzeichen vom Tierarzt behandeln. Mit folgenden Maßnahmen machen Sie es Ihren älteren Tieren gemütlich:

- **Weiche Einstreu** aus staubfreien Hobelspänen und Heu ohne harte Stängel ist kuschlig, beugt wunden Zehen- und Sohlenballen vor und sorgt für angenehme Bodenwärme, auf die unbedingt geachtet werden muss. Manchmal ist auch eine Rotlichtlampe angebracht.
- **Gebisskontrollen** beim Tierarzt müssen regelmäßig sein, um festzustellen, ob die Backenzähne genügend abgewetzt werden und eine normale Stellung aufweisen. Gegebenenfalls muss er eine Korrektur durchführen.
- **Vielseitige Ernährung** ist besonders wichtig. Zusätzlich zur gewohnten Nahrung können Sie zerkleinerte Grünmehlpellets und Luzernegrünmehlpellets anbieten, die besonders reich an Eiweiß, Vitaminen, Mineralstoffen und Spurenelementen sind. Wenn das alte Meerschweinchen Probleme beim Fressen hat, sollte es mit Aufbaukost (eine Mischung aus Baby-Gemüsebrei, gemahlenen Grünmehlpellets und Vitaminpräparaten) künstlich ernährt werden. Gurke und Melone werden bei Appetitmangel gern genommen und enthalten viel Wasser.

SMART Probleme im Alter

- **Abmagerung:** Alte Meerschweinchen verlieren oft stark an Gewicht.
- **Linsentrübung:** Altersbedingter Star kann die Sehleistung mindern.
- **Schwerhörigkeit:** Das Gehör kann nachlassen. Darunter leidet die Kontaktfreudigkeit.
- **Haarausfall:** Alte Tiere können Probleme mit dem Fellwechsel haben.
- **Parasiten:** Sie werden begünstigt durch nachlassende Abwehrkräfte.
- **Perianaldrüsen:** Sie können sich besonders bei älteren Männchen (Seite 49) verändern. Das Tier hat dann häufig Probleme beim Koten.
- **Herz- und Kreislaufprobleme:** Medikamente müssen eventuell dauerhaft gegeben werden.

Gesellschaft ist auch im Alter wichtig. Gut vertragen sich mehrere ältere Weibchen und ein älteres, kastriertes Männchen.

Nachwuchs

Manchmal machen Meerschweinchenkäufer ein echtes Schnäppchen, sie kaufen ein Tier und nach einigen Wochen sind es viele! Dann stellt sich die Frage, wohin mit dem Nachwuchs. Doch auch bei der planmäßigen Zucht muss daran gedacht werden, für alle Jungtiere gute Plätze zu finden.

Meerschweinchen sind sehr vermehrungsfreudig und außerdem frühreif. Die Weibchen können bereits mit 28 bis 35 Tagen, in Ausnahmefällen sogar schon mit 20 Tagen trächtig werden und Männchen sind fähig, sich mit etwa 60 bis 75 Tagen fortzupflanzen.

Vermehrungsfreudig

Will man keinen Meerschweinchennachwuchs haben, muss man die Tiere also schon sehr zeitig nach Geschlechtern trennen. Die Fortpflanzungsfähigkeit der Meerschweinchen hängt nicht allein mit der sehr früh einsetzenden Geschlechtsreife zusammen, sondern auch damit, dass die Meerschweinchenmutter bereits 105 Minuten bis 13 Stunden nach abgeschlossener Entbindung wieder brünstig wird und gedeckt werden kann. So ist es ein einfaches Rechenbeispiel, dass durchaus innerhalb eines Jahres aus einem Pärchen 100 Meerschweinchen werden können!

- **Um Nachwuchs** zu verhindern, sollte das Männchen bei gemischtgeschlechtlicher Haltung kastriert werden.
- **Zur Zucht** sollten weibliche Meerschweinchen erst mit etwa sechs Monaten, männliche mit sechs bis sieben Monaten eingesetzt werden. Das Weibchen sollte beim ersten Wurf nicht älter als ein Jahr sein, zwischen den Geburten nicht mehr als sechs bis sieben Monate liegen, sonst verknöchert das Becken zu sehr und es gibt Probleme bei der Geburt.

Eine Hand voll Leben – ein Anblick, der kaum jemand unberührt lässt. Meerschweinchen kommen fix und fertig auf die Welt.

Das einzige Zitzenpaar des Meerschweinchens befindet sich sehr weit hinten. Deshalb nimmt es beim Säugen eine Hockstellung ein.

Riskante Erbanlagen

Die Erbanlage für Dalmatiner- und Schimmelzeichnung (Foto Seite 16) ist mit einem Letalfaktor gekoppelt. Das heißt, dass Tiere, die das Gen von beiden Eltern tragen, nicht lebensfähig bzw. lebensschwach sind. Dalmatiner und Schimmel dürfen nur mit einfarbigen Tieren verpaart werden.

Tragzeit und Geburt

Nach einer Tragzeit von 59 bis 74, durchschnittlich 68 Tagen werden ein bis sechs Junge geboren, beim ersten Wurf oft nur ein oder zwei. Bereits etwa drei bis vier Wochen nach der Begattung kann man durch vorsichtiges Betasten den Nachwuchs im Mutterleib fühlen.

▸ **Die Geburt** kündigt sich beim Meerschweinchen, das besonders bei Mehrlingswürfen sehr an Körperumfang zunimmt, kaum äußerlich erkennbar an. Anders ist es beim Abtasten der Beckensymphyse. Sie befindet sich unten in der Mitte des knöchernen Beckens, wenig oberhalb der Genitalien, und ist bis wenige Tage vor der Geburt geschlossen. Dann beginnt sie sich bis zu zwei Zentimeter zu öffnen, sodass man einen nicht zu kräftigen Zeigefinger in den Spalt legen kann: Die Geburt steht nun unmittelbar bevor. Bei der Geburt nimmt die Mutter eine Hockstellung ein. Nach Austritt der Frucht aus dem Geburtsweg zieht die Mutter das Baby noch in den Fruchthüllen nach vorne, öffnet diese und verzehrt anschließend die Hülle und meist auch die Plazenta. Dann beginnt sie, das Junge trockenzulecken. Bei Mehrlingsgeburten folgt oft schon sehr schnell das nächste Jungtier. ●

SMART

Säuglingspflege

- **Leckt die Mutter** ihre gerade geborenen Babys, sollten Sie nicht stören.
- **Bei Mehrlingsgeburten** leckt die Mutter nicht immer alle Kinder ausreichend trocken. Trocknen Sie die Kleinen dann ab und wärmen Sie sie.

Muntere Kinderstube

Meerschweinchenkinder sind typische Nestflüchter und schon kurz nach der Geburt voll „einsatzbereit". Danach entwickeln die Kleinen sich im Eiltempo zu stattlichen, ausgewachsenen Nagetieren.

Meerschweinchen werden mit komplettem Haarkleid geboren und können bereits bei der Geburt sehen und hören. Ihre Augen öffnen sich schon zwei Wochen vor der Geburt! Auch die Milchzähne brechen zwischen dem 43. und 48. Tag der Trächtigkeit durch und bis zum 55. Tag sind sie auch schon wieder resorbiert. Bei der Geburt sind dann alle bleibenden Zähne vorhanden, nur der hinterste Backenzahn ist noch von Schleimhaut bedeckt. Das Gewicht variiert bei neugeborenen Meerschweinchen stark. Es liegt meist zwischen 45 und 110 g, Ausnahmen bis mehr als 140 g sind möglich, Babys unter 35 bis 40 g sind meist nicht lebensfähig. Jungtiere aus Einzelwürfen sind in der Regel schwerer als Mehrlinge.

1 **Munter** ◂ Junge Meerschweinchen beginnen bereits wenige Stunden nach der Geburt umherzulaufen. Meerschweinchenkinder aus den verschiedenen Würfen einer Meerschweinchengruppe sitzen meist alle zusammen in einem Häuschen. Das Einbringen fremder Jungtiere aus einem „fremden" Käfig in einen solchen „Mini-Kindergarten" ist dagegen recht schwierig.

Hungrig ▸ Meerschweinchenjunge beginnen bereits in den ersten Lebenstagen, zusätzlich zur Muttermilch feste Nahrung aufzunehmen. Dabei ist es für sie auch lebensnotwendig, den Blinddarmkot der Mutter oder auch anderer Meerschweinchen zu verzehren, um ausreichend mit Vitaminen versorgt zu sein. Eine Verdopplung des Geburtsgewichts erfolgt bei Meerschweinchen nach ca. 13 bis 17 Tagen. Im Alter von vier bis acht Wochen wiegen sie zwischen 250 und 400 g, wobei sich das unterschiedliche Geburtsgewicht bei den einzelnen Tieren oft bis zu mehreren Wochen nach der Geburt auswirkt.

Erwachsen ▾ Meerschweinchen wachsen, wenn auch mit zunehmendem Alter immer langsamer, bis zu 15 Monaten. Die Männchen wiegen dann zwischen 1000 und 1800 g, die Weibchen zwischen 700 und 1200 g. Höheres Gewicht ist meist durch Übergewicht bedingt. Im Alter von drei bis vier Wochen kann man junge Meerschweinchen problemlos von der Mutter absetzen. Dabei reagieren die Mütter mit zunehmendem Alter ihrer Jungen, das heißt ab etwa 14 Tagen, immer weniger auf deren Hilferufe und zwingen so ihre Sprösslinge zur Selbstständigkeit.

Infoecke

Bücher und Zeitschriften

- Altmann, F. D.: **Meerschweinchen.** Verlag Eugen Ulmer, Stuttgart 2004.
- Altmann, F. D.: **Meerschweinchen.** In: **Heimtierfibel**, Universität für Veterinärmedizin, Norka Zeitungsverlag, Klosterneuburg 1997.
- Briemle, G.: **Farbatlas Kräuter und Gräser in Feld und Wald.** Verlag Eugen Ulmer, Stuttgart 1997.
- Hamel, I.: **Das Meerschweinchen als Patient.** Gustav Fischer Verlag, Jena, Stuttgart 1994.
- Schmidt. G.: **Hamster, Meerschweinchen, Mäuse.** Verlag Eugen Ulmer, Stuttgart 1985.
- **RODENTIA** Kleinsäuger-Fachmagazin, Natur- und Tierverlag Münster, www.ms-verlag.de
- **ÖKZ Österreichischer Kleintierzüchter,** illustriertes Fachblatt für Kaninchen, Meerschweinchen, Tauben, Geflügel, Ziergeflügel und Vögel, offizielles Organ des Rassezuchtverbandes Österreichischer Kleintierzüchter mit Tier-, Natur- und Umweltschutz der Republik Österreich, Wien, erscheint monatlich.

Adressen

Zentralverband Deutscher Meerschweinchen- und Nagervereine
Herrn Martin Mantel
Dr.-Ambundi-Str. 27
97437 Haßfurt
Tel./Fax 0 95 21/14 30

Bundesarbeitsgruppe Kleinsäuger e.V. im Schulzoo Leipzig e.V.
Binzer Straße 14
04207 Leipzig
Tel./Fax 0 341 9403777
www.bag-kleinsaeuger.de

Meerschweinchenfreude Deutschland Bundesverband e.V.
Postfach 25 02 22
68085 Mannheim
Tel. 069/50 59 50
www.meerschweinchen-freunde.de

Rassezuchtverband Österreichischer Kleintierzüchter
Geschäftsstelle:
Dr.-Karl-Lueger Ring/II
A-1010 Wien
www.kleintierzucht-roek.at

Verein der Meerschweinchenfreunde in Österreich
eigene monatl. Zeitschrift,
Leitung: Gabriele Gotschke
Oberzellergasse 1/17/9
A-1030 Wien
Tel. 0043-1-9717273,
www.meerschweinchenverein.at

Internet

www.nager-info.de
www.meerschweinchen-haltung.de
www.dmsl.de
www.tierschutzvereine.de (Verzeichnis von Tierschutzvereinen und Tierheimen)
www.tieraerzteverband.de (Bundesverband praktizierender Tierärzte mit Infos zum Thema tierärztliche Gebühren)
www.med.uni-bonn.de/giftzentrale/pflanidx.html (Liste giftiger Pflanzen)

(Hinweis: Der Ulmer Verlag ist nicht für den Inhalt von Links verantwortlich)

Impressum

Bibliografische Information der Deutschen Bibliothek
Die Deutsche Bibliothek verzeichnet diese Publikation in der Deutschen Nationalbibliografie; detaillierte bibliografische Daten sind im Internet über http://dnb.ddb.de abrufbar.

Eugen Ulmer KG
Wollgrasweg 41,
70599 Stuttgart
E-Mail: info@ulmer.de
Internet: www.ulmer.de

Lektorat: Dr. Eva-Maria Götz
Redaktionelle Bearbeitung: textory mediaService
Covergestaltung und Innenlayout: X-Design, München
Druck und Bindung: Litotipografia-editrice Alcione, Trento
Printed in Italy

ISBN 10: 3-8001-5149-9
ISBN 13: 978-3-8001-5149-3

Making Of

▸ **Prof. Dr. Fritz Dietrich Altmann** ist Veterinärmediziner und Zoologe. Er war 28 Jahre lang als Zoodirektor und Zootierarzt tätig. Dann lehrte er an der Veterinärmedizinischen Universität Wien über Tiere in den warmen Klimazonen sowie kleine Heimtiere mit den Schwerpunkten Kaninchen und Meerschweinchen.

▸ **Danken** möchte ich meinem Verleger, Herrn Roland Ulmer, sowie Frau Dr. Nadja Kneissler für die wie immer harmonische Zusammenarbeit, besonders aber meiner Lektorin, Frau Dr. Eva-Maria Götz, die meinen Wünschen immer Verständnis entgegenbrachte.

▸ **Regina Kuhn** ist freischaffende Fotodesignerin und Autorin mit jahrelanger Erfahrung in der Fotografie von Heimtieren.

▸ **Der Verlag und die Fotografin** danken für die freundliche Unterstützung bei den Fotoaufnahmen Martina Hurler, Stuttgart, Ann-Kathrin Dörflinger, Aalen, Elâ Lilian Matern, Hochdorf, und Louis Sellmer, Stuttgart.

▸ **Herstellernachweis**
Trixie Heimtierbedarf, Tarp
Zoo-Kölle, Stuttgart
Zoo-Utke, Oberesslingen

Haftung

Register

Weiteres zum Thema.

In diesem Buch erfahren Sie, wie Sie Ihrem Meerschweinchen ganz leicht alles bieten können. Unterhaltsam berichtet der Autor, wo die Meerschweinchen herkommen und informiert darüber, welche Rassen es gibt. Daneben erhalten Sie Tipps zur richtigen Auswahl und zur optimalen Fütterung. Das Buch macht Lust, ein geräumiges Gehege und einen Freilauf zu bauen und zum Meerschweinchen-Verhaltensforscher im Wohnzimmer zu werden.

Meerschweinchen.

Dietrich Altmann. 2004. 95 Seiten, 68 Farbfotos, geb. (Pp.).
ISBN 3-8001-4396-8.

Ganz nah dran. Ulmer

Kluge Tipps für SMART-KIDS

Extra-Meerie

Bei deiner Meerschweinchenbande ist immer was los. Ständig sind die Nager auf der Suche nach einem leckeren Happen oder kuscheln miteinander.

Besonders viel Freude haben deine Meerschweinchen, wenn sie Sonne und frische Luft im Garten genießen können. Damit sie keinen Sonnenbrand bekommen, brauchen Sie unbedingt ein schattiges Plätzchen. Dafür kannst du ihnen ein tolles Sonnensegel basteln. Du brauchst nur ein richtig großes Tuch und vier stabile Äste oder Stöcke. Nun bindest du an jeden Ast einen Zipfel des Tuches und steckst die Äste fest in den Boden – fertig ist der Schattenplatz!